Auf einer Harley Davidson möchte ich sterben

Lothar Semper

Auf einer Harley Davidson möchte ich sterben

LANGENSCHEIDT
Berlin · München · Wien · Zürich · New York

Leichte Lektüren für Jugendliche

Herausgegeben vom Goethe-Institut München

Zu diesem Jugendbuch ist ein Didaktisierungsvorschlag in Vorbereitung.

Umschlag und Illustrationen: Holger van den Boom

Redaktion: Hedwig Miesslinger

Dieses Werk folgt der neuen Rechtschreibung entsprechend den amtlichen Richtlinien.

Druck:	4.	3.	2.	
Auflage:	2002	2001	2000	1999

Druck: Druckhaus Langenscheidt KG, Berlin
Printed in Germany, ISBN 3-468-49697-4

Lothar Semper wurde 1947 in Waisenkirchen (Oberösterreich) geboren. Seit dem Studium (Germanistik, Sport) arbeitet er als Lehrer am Christian Doppler-Gymnasium in Salzburg und lebt mit Frau, drei Kindern und Hund in Seekirchen am Wallersee.

Seit 1986 schreibt er mehrfach preisgekrönte Bücher für Erwachsene und Kinder, die von Humor und Verständnis für die Mitmenschen gezeichnet sind.

Holger van den Boom, geboren 1940 am unteren Niederrhein, studierte an den ehemaligen Kölner Werkschulen Graphik mit dem Schwerpunkt „Illustration“. Arbeitet hauptberuflich als Kunstlehrer an sozialpädagogischen Fachschulen in Bonn. Lebt mit Familie und Katze in Leverkusen.

Inhaltsverzeichnis

Mark, warum hast du das getan?

Tage, Nächte, ohne Erinnerung.
Ich spüre nichts.
Ich atme nicht. Ich lebe nicht mehr.
Alles ist leer …

Irgendetwas hat mich zurückgeholt.
Ich lebe wieder.
Doch Mark ist Geschichte.
Welche?

Ganz langsam beginne ich,
nach ihm zu suchen,
lasse vorsichtig Erinnerungen zu,
Gedankensplitter, Bildfragmente.
Das Leben geht weiter, ohne ihn.
Alle stellen fest: Ich habe mich verändert.
Doch wie?

Mark ist aus meinem Leben,
Bea ist in mein Leben getreten.
Nicht nur ich,
so vieles hat sich verändert.

Wo bist du jetzt, Mark?
Hier?
Schau, ich hab dir Blumen mitgebracht.
Magst du Blumen?
Ich mag sie, auch wenn du lachst.

Bea kennst du noch nicht. Sie gehört erst seit ein paar Wochen zu mir. Kurz nach deinem ... na ja, seitdem ist sie da. Du müsstest sie kennen lernen, die ist in Ordnung. Hat einen anderen Menschen aus mir gemacht.
Ehrlich, schau mich an!

Jetzt, kann ich mir vorstellen, sitzt du auf deiner Harley Davidson. Sie gehört dir, nur dir. Du schwebst nur so damit über die Straßen. Oder du ziehst kilometerlange Staubfahnen hinter dir her. Benzin gibt's kostenlos, es herrscht ewigschönes Wetter, und es gibt nur dich und die Harley Davidson. Mehr brauchst du doch nicht!

Ach, Benno, Erdenkind! Stellst du dir das so vor?

Früher, als wir noch zusammen waren, wollten wir alle provozieren. Erinnerst du dich noch daran, als wir zum ersten Mal betrunken waren? Ganz schön blöd!
Nichts hatten wir davon als das tolle Gefühl, erwachsen zu sein, ein paar Minuten Spaß, ein paar Minuten Provokation, dann aus: betrunken, völlig betrunken. Ich zumindest, du hast dich ja mehr zurückgehalten, wie immer. Du warst der Vernünftigere.

Ganz so war's nicht, alter Freund. Ich hab mich nicht zurückgehalten, weil ich vernünftiger war. Nein, war ich nicht. Tatsache ist: Ich konnte nicht mehr. Schon nach wenigen Schlucken war mir so übel, dass ich keinen Tropfen mehr trinken konnte.
Dabei wollte ich dir, euch allen zeigen, was für ein Kerl ich bin.

Es ist ein komisches Gefühl, so mit dir zu reden, zwischen Gräbern, Inschriften, Sträuchern und Blumen. Ich fühl mich hier nicht wohl. Daheim bei mir konnte ich besser reden mit dir.

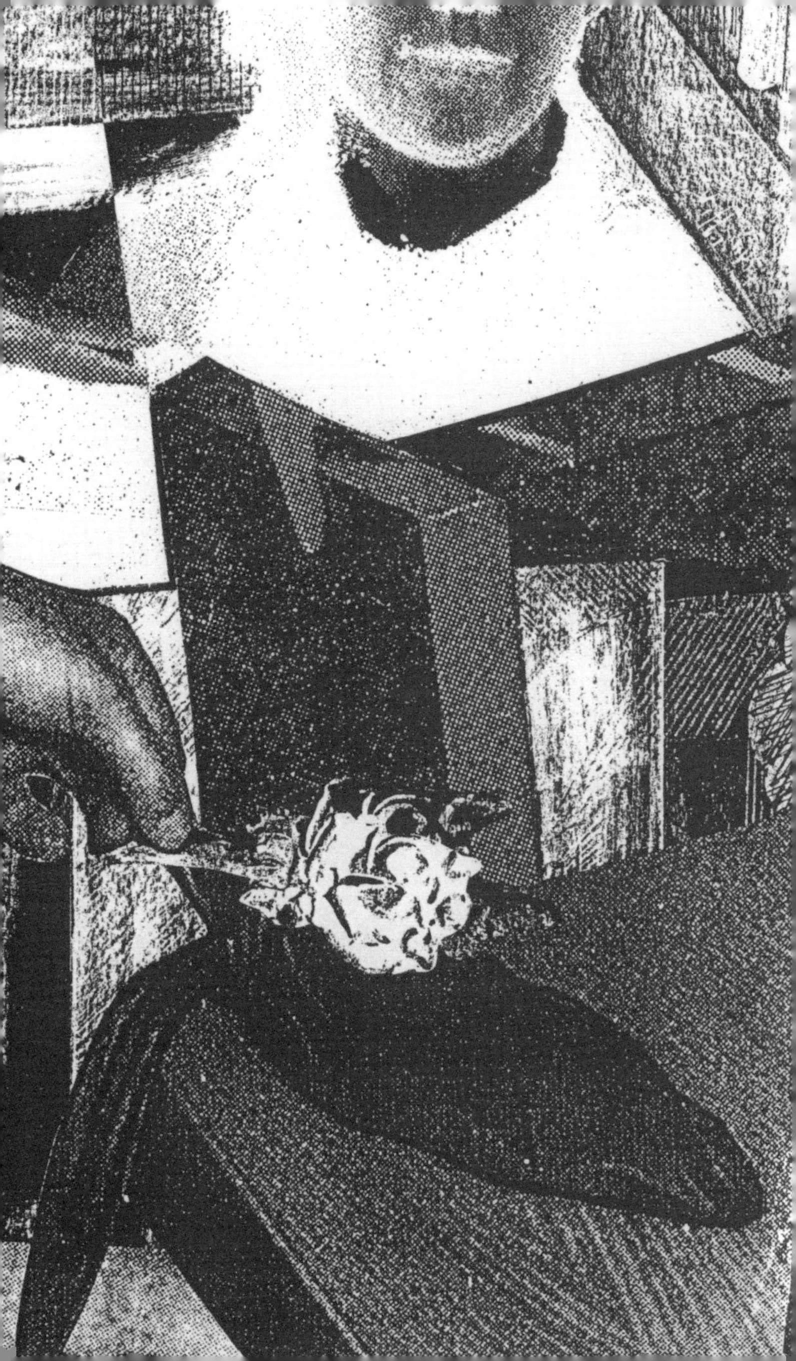

Hier spreche ich nur vor mich hin, ganz allein, mit niemand sonst. Obwohl ich das Gefühl habe, du hörst mir zu. Manchmal glaube ich sogar, du würdest mir antworten.
Ich weiß nicht. Macht das der Ort oder bin ich ein bisschen verrückt?
Mark, sei mir nicht böse: Hier will ich nicht länger bleiben. Irgendetwas stört mich. Ich kann nur hoffen, dass du längst woanders bist, nicht in dieser Grube. Dein Name fehlt noch auf dem Stein. Vielleicht ein gutes Zeichen, dass du schon ganz woanders bist.
Also, bis bald! – Aber das sagt man auch nur so.
Ich glaube kaum, dass ich so schnell wieder kommen werde. Vielleicht mit Bea. Bea gibt mir mehr Sicherheit.
Also – mach's gut! Beobachte mich ein bisschen von dort oben, dass alles in Ordnung geht. Ciao!

Ciao, Benno, schön, dass du gekommen bist.
Hat mich gefreut.
Aber dich beschützen, das kann ich nicht, das liegt nicht in meinen Möglichkeiten. Das musst du schon selbst besorgen!
Mach es also gut! Achte gut auf dich und deine Bea! Und wenn es dir hier nicht gefällt – macht nichts!
Viel hab ich mit diesem tristen Ort nicht mehr zu tun.
Denk einfach an mich, egal wo du bist, dann sind wir zusammen.

Eine schwierige Aufgabe

Nicht nur ich fand Mark faszinierend. Er beschäftigt uns alle. Bernds Harley war zum Glück voll versichert, er hat sofort wieder eine bekommen. Aber wenn jemand glaubt, er würde jetzt damit herumfahren und Spaß an ihr haben – das stimmt nicht!
Letzten Samstag las ich eine Annonce in der Zeitung: „Harley Davidson, absolut neu, 20% unter Neupreis.“ Darunter eine Telefonnummer.
„Bernd!“, schoss es mir durch den Kopf. Und gleichzeitig: „Unmöglich! Jahrelang hat er sich darauf gefreut. Und wie viele Kilometer ist er gefahren?“
Da ich mir doch nicht ganz sicher war, ob es seine Nummer ist, schlug ich im Telefonbuch nach. Sie war es. Mark hat ihm die Lust auf die Maschine genommen.
Niemand spricht über ihn oder den Tag, an dem es passiert ist.
Aber immer wieder hört einer mitten im Wort auf zu sprechen, wenn er etwas sagt, was auf ihn hinweist, oder ein Wort gebraucht, das typisch war für Mark. Er ist weg – und trotzdem noch unter uns oder eher wie ein Gespenst in uns, eins, das uns nicht loslässt.

Und Opper! Er hat es erst nach den Ferien erfahren, unmittelbar vor unserer ersten Stunde. Ich weiß gut, wie bleich er war, als er hereinkam, noch weniger gesprächig als sonst.
„Freunde“, sagte er, „wir haben zusammen eine Menge Hochs und Tiefs erlebt und alles überstanden. Ihr seid

jetzt im letzten Jahr. Ich wünsche euch viel Glück – mehr jedenfalls als dem armen Mark."
Das war alles – für eine ganze Stunde. Mehr hat er nicht gesagt. Er stand beim Fenster, schaute hinaus, die Arme auf dem Rücken verschränkt, wie ein Standbild, ohne die geringste Bewegung. Sogar das Läuten hat er überhört. Erst als die Klasse schon halb leer war, ist er wieder aufgewacht.
Ein paar Wochen später sprach er mich wegen Mark an.
„Sag einmal: Du warst doch Marks Freund?"
Wir standen draußen auf dem Gang. Er schaute mich forschend an.
„Ja", antwortete ich zögernd. Was wollte er? Umsonst stellte Opper keine solche Frage. Er hatte etwas vor. Was, das sollte ich gleich merken.
„Mir ist das alles einfach nicht klar. Seit diesem Unfall … seither frage ich nach dem Warum. Hast du eine Ahnung?"
„Nein", sagte ich. Es war die Wahrheit. Mark hatte uns alle in einem Loch zurückgelassen, in einer Höhle, wohin kein Licht kam.
„Es macht mich ganz unglücklich, dass ich das nicht verstehe. Gab es denn gar nichts? Keine Hinweise, Andeutungen, irgendwas?"
Ja, was gab es wirklich? Diese Frage schoss mir durch den Kopf. Klar, einiges, aber eben nur Andeutungen.
„Wenig", sagte ich, „aber etwas bestimmt."
„Ja?" Opper atmete auf. Er sah mich erleichtert an.
„Könntest du für mich ein paar Aufzeichnungen machen? Nichts Besonderes, nur das, was dir spontan einfällt. Vielleicht lässt sich aus den Teilen ein Puzzle zusammensetzen."
Ich erschrak. „Was?" In meinem Kopf sauste und brauste es.
„Wozu?", antworte ich. „Mark wird dadurch nicht mehr lebendig."
„Das nicht. Aber du könntest mir helfen … und", fuhr er

nach einer Pause fort, „den anderen. Oder glaubst du, dass nur Mark in dieser Situation war? Gibt es nicht Tausende mit ähnlichen Problemen? Denen könntest du helfen."
Gut. Das konnte ich verstehen.
„Aber wie?", fragte ich.
„Setz dich einfach hin und schreib! Versuch dich zu erinnern! Das kannst du doch, oder?"
„Klar", sagte ich, aber zugleich hatte ich Zweifel.
„Das wird ein ganzes Buch!"
„Um so besser", meinte Opper.
„Daran arbeite ich Monate ..."
„Goethe hat am Faust ein Leben lang gearbeitet."
Nur nicht diskutieren! Jedenfalls nicht mit Opper!
Ich gab auf. „Aber versprechen kann ich nichts. Keine Ahnung, ob daraus etwas wird."
„Irgendetwas wird es schon werden. Versuch es nur!"
Er hielt mir die Hand hin. Ich schlug ein.
„Danke", sagte er. „Du tust mir einen großen Gefallen."
Opper drehte sich um und ging einige Schritte. Bevor er jedoch verschwand, wandte er den Kopf noch einmal zurück: „Sag es mir, wenn du etwas hast, ja?"
Ich nickte. Dann stand ich da, hatte eine Riesenarbeit übernommen und wusste kaum, wie ich dazu gekommen war.

Erste Erinnerungen an Mark

Jetzt sitze ich da, starre auf das leere, weiße Papier und mir fällt nichts ein. Oder: Mir fällt zu viel ein! Alles stürzt in meinem Kopf durcheinander.
Seit wann kennst du ihn?
Seit unserer Kindheit.
Was willst du von ihm erzählen?
Nichts.
Was – nichts?
Blödsinn! Natürlich etwas. Aber – was ist wichtig?
Womit anfangen?
Es muss verdammt schwer sein, Bücher zu schreiben.

Also:
Wer war Mark?
Mein Freund.
Dein Freund? Ehrlich?
Ja. Wenn er einen Freund hatte, dann mich.
Wie war Mark?
Schwer in Ordnung. Man konnte sich auf ihn verlassen. Tat keiner Fliege etwas zuleide. Hilfsbereit. Mutig. Traute sich, was sich keiner von uns getraut hätte. Intelligent …
Klingt nach Reklame. Noch einmal von vorne:

Wie war Mark?
Nun … ruhig. Er redete oft stundenlang nichts. Manchmal war er tief in Gedanken, ganz weit weg. Ich kann mich nicht erinnern, dass er einmal gelacht hätte, so richtig von Herzen gelacht.

Manchmal war er langweilig, rätselhaft wie eine Sphinx. Und seine Ideen! Es war nicht immer einfach mit ihm.

Nein, so wird es nichts. Ich muss meine Gedanken ordnen. Dann erzählen. Der Reihe nach, was mir einfällt.

Womit beginnen? Was fällt dir zuerst ein?
Augen zu! Konzentriere dich!
Nebel, nur Nebel.
Bleib ruhig!
Grau. Ist das Rauch?
Der Rauch lichtet sich. Was ist das? Sein Gesicht.
Ja, da sitzt er und lächelt. Still, als wäre er allein auf der Welt.
Wo?
In unserem Klassenzimmer. Ein Kommen und Gehen, aber niemand bemerkt ihn.
Wann?
Schulanfang, voriges Jahr. Jetzt erkenne ich es:
Marks Eintritt in unsere Klasse.

Als er zu uns kam, schien es zunächst, als wäre er einfach nicht da.
Hätte ich nicht gewusst, dass er da sein muss, hätte ich ihn auch nicht gesehen. Er saß auf der Seite, ohne sich zu verstecken. Fast unsichtbar, sodass ihn niemand bemerkte. Es war, als würde er sich im Raum auflösen. Wie immer hatte er sein scheues oder eher schüchternes Grinsen im Gesicht, als wollte er sich für seine Existenz bei allen entschuldigen. Wiederholer stoßen normalerweise auf Neugierde, auf Interesse der anderen. Ihn aber bemerkte niemand. Der Lärm wurde nach dem Glockenzeichen weniger, doch die Geräusche, Töne, Blicke erreichten ihn nicht. Endlich hielt ich es nicht mehr aus, ich ging zu ihm. Er grinste noch etwas freundlicher und hielt mir die Hand entgegen. Als ich einschlug, war plötzlich der Zauber

gebrochen. Jetzt saß Mark mitten unter uns, war als Gestalt, als Person da. Die Gespräche wurden erst leiser, dann hörten sie ganz auf. Alle betrachteten ihn, machten Bemerkungen, einige nickten ihm zu und sprachen ein paar Worte. Er antwortete auf die Fragen, freundlich, wie er es immer tat, aber doch so, dass ihn jeder gleich wieder in Ruhe ließ. Ich setzte mich zu ihm und nahm ihn damit offiziell in unsere Klassengemeinschaft auf, wenigstens so weit, wie ich selbst dazugehörte.
Keiner hat bemerkt, wie er sich tatsächlich gefühlt hat. Wer kennt sich überhaupt aus mit Wiederholern?
Gut, ich weiß das ja aus eigener Erfahrung: Es ist eine Schande, eine Klasse wiederholen zu müssen, für jeden! Und das ist nicht leicht! Denn wenn auch alle sagen, eine Note bedeute ihnen nichts – in Wirklichkeit ist es ganz anders. Da zählt die Leistung, sonst nichts!
Noch dazu ein Mensch wie er: selbst in einer Gruppe von Leuten zurückgezogen, isoliert. Ich glaube, er war sogar allein, während er Branca umarmte.
Die Lehrer hätten es ihm nicht schwer gemacht. Freundlich, aber distanziert die meisten, einige mit ihren guten Ratschlägen, die so selten gut sind, außer vielleicht gut gemeint, doch Opper mit Interesse, nicht zu sehr, aber doch …
Und gleich ein Punkt, an dem sie sich getroffen haben: Vorurteile gegenüber Minderheiten.
Ich glaube, Opper hatte sofort begriffen, wie er mit ihm umgehen musste. Ein paar Fragen, einige Bemerkungen, und er war mitten im Gespräch – in der ersten Stunde! Was für eine Premiere! Natürlich konnte auch Opper das nicht immer, aber Mark hätte erkennen müssen: Der ist für mich da, wenn es notwendig ist.

Du hast leicht reden, Benno, altes Kaninchen. Schläfst wieder einmal mit offenen Augen! Natürlich hätte ich zu ihm gehen können. Ich habe es schon bemerkt, dass er mich mag. Gleichgültig war ich ihm nicht, nein!

Aber du sprichst – pardon, du schreibst – wie ein Pfarrer. Das war's nicht!

Warum sollte ich mit jedem Problemchen zu einer guten Tante, zu einem netten Onkel laufen? Mein Leben musste ich leben, niemand anderer.
Was hätte er mir denn geben können? Sein Ohr, ja. Er hätte sicher zugehört. Geduldig. Verständnisvoll. Und sonst? Ratschläge, Rezepte. Aber Rezepte helfen nicht gegen die Krankheit, die mich befallen hatte.
Verstehst du das?

„Manchmal ist nichts in mir, nichts zum Lachen, nichts zum Weinen.“

Eine andere Szene: Mein Zimmer.
Fast alle alten Popdiscs hatte ich Mark schon vorgespielt. Er hatte sie sich angehört, geduldig AC-DC gelauscht, Queen, auch Heavy Metal, begeistert hatten sie ihn nicht. Er war nie so fasziniert worden durch den Rhythmus, der in meinem Kopf ein ganzes Feuerwerk abbrannte.
Also einmal etwas anderes: Pink Floyd, „Dark Side of the Moon“, eine alte Sache, klar, aber nach wie vor gut.
Einige Zeit lang war Marks Interesse wach. „Nicht schlecht“, sagte er.
Ich freute mich wie ein Schneekönig. Doch schon nach einer Weile sagte er trocken: „Die wiederholen sich.“
Auch das also nichts.
„Was magst du denn?“, fragte ich, schon ziemlich verzweifelt.
„Beatles.“
„Okay. Wenigstens etwas. Und sonst?“
Er zuckte mit den Schultern.
Ärgerlich stand ich auf. „Magst du ein Eis?“
„Weiß nicht ...“
„Oder eine Cola?“
„Nein“, antwortete er und schüttelte den Kopf. „Hab keine Lust auf eine Cola.“
„Du bist ein Typ“, rief ich zornig, „völlig verrückt! Magst du denn gar nichts? Hast du keine Wünsche?“
Mark verzog die Lippen und die Stirn. „Nein“, antwortete er. „Ich hab zu wünschen aufgehört.“
Das war das erste Mal, dass er davon sprach. Eine kleine

Anmerkung, nicht mehr, nur: „Ich hab zu wünschen aufgehört." Aber wer hätte daraus schließen können, dass es für ihn nichts gab, was das Leben sinnvoll machte? Ich war geschockt.
„Mensch, bist du krank?"
„Ja", sagte er. „Oder nein. Nicht krank. Leer. Manchmal ist nichts in mir, nichts zum Lachen, nichts zum Weinen."
„Kannst du dich nicht freuen?"
„Traurig sein auch nicht."
Wer sollte das verstehen? Ein Psychiater vielleicht. Ich nicht. Nein, der alte Benno nicht.
So habe ich mir die einzige Erklärung zurechtgelegt, die mir möglich war. Entweder der Kerl ist verrückt – oder er macht sich über dich lustig. Ganz gehörig sogar! Klar! Was sonst? Das war Marks Art, seine Methode, Eindruck zu machen.
Blödsinn! Nein, mit mir nicht! Eher konnte er mich …
Aber lass es gut sein. Schließlich ist er dein Freund!

Ich weiß nicht, ob er Diskussionen mochte. Im Deutschunterricht wurde oft diskutiert, manchmal heftig, manchmal weniger, je nach Thema. Mark hat selten etwas dazu gesagt, nur wenn er angesprochen wurde, und dann nicht viel. Ab und zu kam es mir so vor, dass er schwieg, weil es für ihn nichts zu sagen gab. Die meisten Probleme interessierten ihn nicht, berührten ihn nicht wirklich.
Lieber schrieb er. Gedichte zum Beispiel. Einige hab ich noch. Sie waren gut, soweit ich das beurteilen kann. Auch Opper war begeistert von dem, das er ihm gezeigt hat. Er hätte gerne mehr gesehen, wollte ihn auffordern, weiter zu schreiben. Und dieses Gedicht wollte er einer Literaturzeitschrift anbieten. Doch Mark hat abgelehnt.
Warum?
Das wüsste ich auch gern.

Warum? Warum wohl, mein Lieber? Weil es nichts wert

war.
Keine Poesie, keine Idee, nichts Originelles, von da ein bisschen und von dort – nein, das macht kein Gedicht.
Außerdem: Wen gehen meine Gedanken etwas an, meine Gefühle, ob ich high bin oder down? Nein, danke. Keine Veröffentlichung. Die paar Zeilen waren nur für mich, für niemand anderen!

Mark – ein Held?

Ein wichtiger Charakterzug war seine Zurückhaltung. Nicht Feigheit, nein!
Er hat sich nie vor etwas gedrückt, aber auch nichts bewegt. Nur einmal war es anders:
Es war kurz vor den Ferien, Dienstagabend; heiß oder eher schwül. Wir hatten ein paar Bier getrunken, zu viert zogen wir vom Burglokal hinab in die Altstadt. Die Straßen waren wie ausgestorben: Die Stadt schien uns unwirklich wie eine Theaterkulisse. Und unten am Platz, wo er gegen den Hang stößt, trafen wir auf eine gespenstische Szene:
Jugendliche, glatt rasiert, Stiefel, Lederhosen, ärmellose schwarze Shirts – Skins. Einer hielt ein Mädchen an den Haaren, ein anderes, wahrscheinlich seine Freundin, schlug auf es ein. „Patsch!" und wieder: „Patsch!", ohne Eile, wortlos. Auch das geschlagene Mädchen schrie nicht, doch ich musste einen Schrei hinunterschlucken. Es war Branca, eine aus unserer Klasse.
Heiner stand im Hintergrund, Bernd, Tom, alle von den Rücken der Skins verdeckt.
Impulsiv wollte ich mich auf das Mädchen stürzen, es zurückreißen, doch im gleichen Augenblick hielt mich etwas ab. Was?
Ich war zu feig, ich fürchtete mich, hatte die Hosen voll.
Wir wären sieben gewesen, die Skins fünf – ohne die Mädchen. Und trotzdem traute ich mich nicht. Keinen Schritt näher.
Nur Wut, ohnmächtige Wut, weil ich nicht helfen konn-

te, gleichzeitig der Wunsch, dass die Schläge aufhören sollten. Sie hörten auf.
Mark war in den Kreis der Skins getreten, ganz ruhig, als wäre es die selbstverständlichste Sache der Welt, mitten hinein zwischen die Schläge, die plötzlich verstummten. Er schob das Mädchen nicht zur Seite, berührte es nicht einmal, war nur plötzlich da, eine Wand zwischen den Schlägen und Branca.
„Komm!“, sagte er, nahm sie an der Hand und zog sie aus dem Kreis heraus.
Die Skins standen reglos da, wie Marionetten. Keiner streckte die Hände nach den beiden aus. Es war absolut still. Erst als wir ein Stück entfernt waren, schrien sie uns Schimpfworte nach.
Mark hielt Branca noch immer an der Hand. Sie weinte leise. Als sie sich beruhigt hatte, brachten wir sie gemeinsam nach Hause, alle sieben.
Mark hat uns an diesem Abend ungeheuer imponiert. Diesen Tag und die Tage danach war er ein Held.

Held? Was soll denn das? Du müsstest mich besser kennen! Nein, ich war nie ein Held. Ich hab nur nicht nachgedacht. Mir waren die Folgen egal. Hätten mich die Skins verprügelt – was hätte es mir schon ausgemacht? Dort war Branca, hier war ich. Sie brauchte Hilfe, und ich konnte ihr Hilfe geben. Das war alles. Ich hätte es auch getan, wenn ich alleine gewesen wäre.

Mark und die Harley Davidson

Ein anderer Nachmittag. Wir hatten nichts mehr zu tun, als aufzuatmen nach einem so langen Jahr. Eigentlich hatte ich Lust zu feiern, doch Mark schleppte mich zum Harley-Händler.

Stundenlang standen wir dort herum. Er ließ sich nicht beraten, nahm keinen Prospekt in die Hand, lehnte jede Erklärung ab.

Er stand nur da und starrte die Maschinen an.

Manchmal wechselte er den Standpunkt, um neue Blickwinkel, neue Perspektiven zu haben, oder er ging in die Hocke. Es wirkte, als würde er beten.

Ich hielt es nicht länger aus, stieß ihn an, wollte ihn losreißen: umsonst. Er reagierte nicht. Ich dagegen genierte mich.

Klar, eine Harley ist eine tolle Sache, aber das bedeutet für mich nicht, Stunden hindurch vor diesen Maschinen zu stehen, sie anzustarren und alles andere zu vergessen. Ich ging, Mark blieb.

Erst nach Ladenschluss kam er zu mir. „Eine Harley“, sagte er dann leise, „eine Harley hat man nicht. Man kann sie nicht besitzen. Selbst wenn sie einem gehört – das heißt, wenn dein Name auf dem Zulassungsschein steht –, ist sie nur äußerlich dein Eigentum.“

Eine Weile horchte er in sich hinein, als ob ihm irgendwas diese Worte eingäbe.

„Eine Harley“, fuhr er schließlich fort, „ist man. Du musst mit ihr eins werden. Das ist die einzige Möglichkeit, mit einer Harley umzugehen, alles andere ist Blasphemie.“

Trotz seines Ernstes musste ich lachen. Er schaute mich irritiert an. Mein Lachen gefiel ihm nicht. Ich sagte nichts mehr.
Er zog seinen Blick von mir zurück, er schaute nach innen, wie er es in der letzten Zeit immer häufiger tat. „Weißt du“, sagte er leise, „auf einer Harley Davidson möchte ich sterben.“
Das war stark! Machte er sich über mich lustig?
„Du spinnst!“, sagte ich.
Sein Blick kam wieder. Ganz langsam trat in seine Augen ein kleines Lächeln. „Ja“, sagte er, „bestimmt.“
Kurz darauf ging er. Diesen Satz – oder sollte ich besser sagen: diesen Hinweis – hat er nicht mehr wiederholt. Vier Wochen blieben ihm noch zu leben.

Mark und Branca

Etwas, das mich an ihm störte, war seine Entschlusslosigkeit.
Immerhin war Branca nicht irgendeine. Sie war die Hübscheste in der Klasse, doch noch niemand hatte es geschafft, sie als Freundin zu gewinnen. Sie war es, die die Initiative ergriff. So, wie er sie an der Hand aus der Mitte der anderen herausgeholt hatte, so versuchte sie, ihn an ihrer Hand aus sich herauszulocken.
Anfangs sah es so aus, als ob es ihr gelingen würde. Er war nicht mehr so viel allein. In der Schule gehörten die beiden irgendwie zusammen.
Ab und zu sah ihn einer mit ihr spazieren gehen, Hand in Hand, manchmal standen sie umschlungen beisammen. Keiner fand etwas dabei. Er hatte sie sich verdient. Doch alle beneideten ihn, alle wären selbst gerne an seiner Stelle gewesen.
Aber wenn ich zurückdenke, ist eines seltsam: Habe ich sie jemals bei einem Kuss gesehen? Wäre doch ganz natürlich, dass sich Verliebte küssen. Tu ich auch, und nicht wenig!
Aber in meiner Erinnerung ist kein Bild, das sie mir beim Schmusen zeigt. Komisch!
Ich muss Branca fragen.

Branca ist gesprächig wie ein Fisch. Sie will nicht über ihn reden. Na ja, ich kann es verstehen. Sie hängt noch an ihm. Keine Ahnung, ob sie ihn noch liebt. Sie sagt kein Wort. Dabei hat sie nichts gegen mich. Wir verstehen uns gut.

Aber über Mark spricht sie nicht.

Benno, quäl sie nicht! Du machst das ganz falsch! Wenn ich es dir erklären könnte: Sie liebt mich nicht. Jetzt nicht, früher auch nicht. Zuerst war es ein Gefühl der Dankbarkeit, weil ich sie – in ihren Augen – gerettet hatte, dann, als ich ihr etwas näher kam, begann sie, mich ein bisschen zu verstehen: meine Einsamkeit, meine Leere. Das hat sie erschreckt, und so bemühte sie sich, das auszugleichen oder auszufüllen. Sie adoptierte mich, so könnte man sagen, war wie eine Mutter zu mir. Und mir tat es ganz gut, ihre Nähe zu spüren, weil ich mich durch sie besser kennen gelernt habe.
Ich hielt das zunächst für Liebe.
Es war schön mit Branca, aber sie rannte – wie dieser traurige Ritter Don Quichotte – gegen Windmühlenflügel. Das andere war stärker in mir.
Also, tu mir den Gefallen. Lass sie in Ruhe!

Während ich das aufschrieb, hatte ich plötzlich das Gefühl, Mark würde mit mir reden. Es ist schon seltsam, wenn in dir drinnen etwas zu reden beginnt, unhörbar, nein, schon hörbar, aber ohne Sprache, wie auf Wellen übertragen. Als ob Mark mir etwas mitteilen wollte. Als sollte ich Branca nicht weiter mit meinen Fragen belästigen.

Ich hab es getan. Ich hab sie nicht weiter ausgefragt, im Gegenteil, ich hab versucht, sie abzulenken, sie auf andere Gedanken zu bringen.
Wir beide, Bea und ich, haben sie mitgenommen zum Open Air, zum CD-Hören, und plötzlich hat sie selbst zu sprechen angefangen:
„Du schreibst über Mark?“
Ich nickte.
„Wozu? Für wen?“

Unsicher zuckte ich mit den Schultern. „Opper hat gefragt, ob ich es für ihn tun will."
„Nur deswegen?"
„Vielleicht auch, weil ich es nicht verstehe."
„Kann ich dir helfen?"
„Willst du das?"
Sie schaute mich mit einem seltsamen Blick an. „Warum nicht?"
Eine Weile war sie nun still und starrte vor sich hin.
Dann sagte sie plötzlich: „Frag!"
Ich räusperte mich. „Was mir aufgefallen ist: Ihr seid oft Hand in Hand gegangen, habt euch auch mal umarmt, ... aber geküsst? Habt ihr euch nie geküsst?"
„Ist das so wichtig?!"
„Klar! Wenn man sich liebt, küsst man sich."
Sie schüttelte energisch den Kopf. „Es gibt andere Möglichkeiten, sich Liebe zu beweisen."
„Aber ..."
„Nein! Ich glaube, du begreifst nicht, worum es Mark ging ... und mir."
„Worum?"
„Um Nähe, Benno. Ganz einfach um Wärme, die wir einander gegeben haben. Denk doch nach! Er war einsam ..."
„Einsam? Wieso? Er hatte seine Familie, er hatte uns, seine Freunde ..."
Wieder schüttelte sie den Kopf.
„Ich habe auch Eltern, meine Klassenkameraden – aber Freunde? Mark war mein Freund."
„Klar. Ihr wart ja ein Paar."
„Nicht so. Wenn man sich körperlich näher kommt, kann das etwas Besonderes sein, ein Reiz, ein Gefühl der Anziehung, aber damit allein wird man nicht zum Freund oder zur Freundin. Da drinnen ..." – sie klopfte mit ihrem Zeigefinger gegen die Brust – „da muss es sein, nirgendwo sonst, und dabei ist es egal, ob man sich küsst, ob man miteinander schmust oder ob man miteinander schläft."

Wieder war es eine Zeit lang still, dann fragte ich, weil ich unheimlich neugierig war: „Habt ihr?“
„Was?“
„Geküsst? Geschmust? Ge...“
Ich stockte.
„Gebumst? Wolltest du sagen?“
Plötzlich schämte ich mich vor Bea und vor Branca. Ich machte eine entschuldigende Grimasse.
„Benno“, sagte sie, und da war wieder dieser eigenartige Blick wie am Anfang, „das sind Dinge, die nur Mark und mich etwas angehen. Verstehst du das?“
Natürlich musste ich es verstehen, obwohl es für mich absolut unverständlich war. Wenn ich eine Freundin habe und sie liebe, will ich sie küssen, will sie streicheln, mich von ihr streicheln lassen, will mit ihr schmusen und – verdammt noch mal! – will auch mit ihr schlafen! Ist doch klar!
Aber was hätte ich sagen sollen? Mich vor den beiden bloßstellen als kleiner, dummer Junge, der so selbstverständliche Zusammenhänge nicht versteht? Niemals! Alles, nur keine Blamage!
Auf die Frage, ob sie oder ob sie nicht, wird es nun nie eine Antwort geben. Doch so wichtig ist das alles ja auch nicht – oder?

Drei Gedichte

Die Gedichte, die Mark geschrieben hat: (Ich kann doch nicht auf sie verzichten. Was sein muss, muss sein …)

ABEND

Im Bauch der Stadt
Verfolgt von der Spinne Abend
Liege ich müde
Ohne Atem
Schwerer als Blei.

Sie zögert
Dann
Fällt sie herab.
Ihr Stachel blinkt.
Was ist das?
Kuss oder Stich?

Müde liege ich
Im Bauch der Stadt
Müde
Ohne Atem
Schwerer als Blei.

DISCO

Die Bässe verstummen.
Die letzten Wellen
Schlagen gegen das Trommelfell.
Schön war es, Freunde,
Gute Nacht!

Die Gläser sind leer.
Ihre Ränder
Klirren noch leise.
Die Lichter zucken vor Schläfrigkeit.
Schön war es, Freunde,
Gute Nacht!

Die Harley springt an,
Suzuki und Honda
Singen ihren Viertaktgesang.
Die Autos reihen sich ein.
Schön war es, Freunde,
Gute Nacht!

Bis morgen!
Bleibt clean,
Lasst den Joint, lasst den Schnaps!
Alle möchte ich euch wieder sehen,
Freunde!
Sonst: Gute Nacht!

Und das letzte, ein kleines, eigentlich zwei:

WEG

Woher?
Wohin?
Mit wem?

Für wen?

Fragen, Fragen.
Wozu sie lösen?
Einmal
Bald
Lösen sie sich von selbst.

Was könnte man dazu sagen? Mir gefallen sie. Ob sie etwas wert sind, weiß ich nicht. Opper wüsste es vielleicht. Sie drücken aus, wie Mark war: unentschlossen (oder doch entschlossen?).
Sollen sich andere darüber den Kopf zerbrechen!
Ich nicht!

Zum Teufel mit Opper!

Ich habe meine Aufzeichnungen Opper gezeigt.
„Fleißig!“, sagte er, als ich sie ihm nach dem Unterricht gab.
„Es scheint dich zu berühren.“
Ich nickte. Eigentlich hatte ich mir etwas mehr Lob für meine Mühe erwartet. Aber er sagte nur „danke“, dann verschwand er mit der Mappe.
Am nächsten Tag bestellte er mich ins Sprechzimmer.
„Gut!“ Er klopfte auf die Blätter. „Gut gemacht. Ich meine, sehr gut geschrieben, beinahe spannend. Aber ...“
Natürlich, da war das Aber. Ohne Einschränkung ging nichts!
„Es macht noch nichts klarer“, fuhr Opper fort. „Mir ist alles jetzt ebenso unklar wie vorher. Du beschreibst ihn ganz gut, verstehst es auch, ihm psychologisch näher zu kommen. Aber warum? Bis jetzt gibt es für mich keinen Grund, so zu reagieren, wie er es getan hat. Verstehst du? Nichts, was ihn wirklich zu dieser Tat treiben müsste.“
Das hatte ich davon! Warum habe ich mich auch auf diese Arbeit eingelassen! Eine Menge Probleme, dann auch noch Kritik.
„Das klingt jetzt alles so negativ, als wollte ich dich nur korrigieren ...“
„Was sonst?“, dachte ich.
„Ist es aber nicht. Soll es zumindest nicht sein! Ich finde es prima, wie du das machst. Ich könnte es nicht so, ehrlich. Also, daran liegt es nicht. Du schaffst es bestimmt. Aber du musst dich noch mehr einlassen auf diese Sache,

du bleibst bisher zu sehr an der Oberfläche hängen. Tauch ein, nein, spring hinein – ohne Rücksicht auf ihn, auf jemand anderen, auf dich! Dann wird aus den interessanten Skizzen der ersten Seiten etwas Brauchbares! Versuch es, es ist notwendig! Auch wenn es dir dabei manchmal bestimmt nicht gut gehen wird.“

Hier machte er eine Pause.

Er bemerkte nicht, wie mich seine Worte deprimierten.

Dann setzte er fort: „Der Schlüssel fehlt mir, weißt du, der Schlüssel zu allem – und der muss irgendwo in seiner Persönlichkeit verborgen liegen.“

Damit war ich verabschiedet, wie ein Pudel mit kaltem Wasser übergossen. So leicht sagt sich das: der Schlüssel. Aber wo soll ich ihn finden?

Der Schlüssel, Benno?

Ganz einfach – dass ich egoistisch, unreif und leichtsinnig war.

Das ist alles.

Selbst wenn du nach tausend Erklärungen suchst, keine wird etwas anderes bringen. Nur Ausreden, Lügen, Täuschungen, aber keine Gründe.

Ella und Gery – zwei weitere Selbstmordversuche

O verdammt! Ist das zu fassen? An alles hätte ich gedacht, nur daran nicht.

Verflucht, verflucht, verflucht! Soll ich mit dem Kopf gegen die Wand rennen? Soll ich schreien, brüllen, heulen – oder mir die Faust in den Mund stopfen, die Ohren zuhalten, die Augen schließen?

Was soll ich tun? Ella hat Tabletten genommen. Sie liegt im Krankenhaus, mit leer gepumptem Magen.

Und Gery ist depressiv. Sie haben ihn vom Stadtberg heruntergeholt, von der Aussichtsterrasse. Über eine Stunde soll er dort gestanden sein. Grauenhaft! Dort auch nur ein paar Sekunden hinunterzuschauen, auf die Menschen, die hin- und herwimmeln, so groß wie Ameisen, die Autos, die Laster und Busse, der Motorenlärm, der nur schwach bis dort hinaufdringt! Nein, nie hätte ich das ausgehalten! Und er – eine Stunde! Er reagierte nicht einmal, als sie ihn ansprachen und mitnahmen. Willenlos ließ er sich wegbringen, ließ alles mit sich geschehen. Jetzt ist er zu Hause, eingesperrt in seinem Zimmer. Sie lassen ihn keinen Augenblick aus den Augen. Tag und Nacht wird er bewacht.

Aber wozu? Wenn er es tun will, wird er es wieder tun, jetzt oder später – ach, zum Teufel! Hoffentlich nie!

Ella wird überleben. Die Dosis war zu klein.

„Sie hat es nicht wirklich ernst gemeint, wahrscheinlich nur ein Signal ...“, sagte der Arzt.

Die haben leicht reden, diese Leute. Für sie sind Ella und

Gery nur Fall Nummer X und Fall Nummer Y. Für mich aber sind sie Menschen, Freunde! Weiß der Herr Doktor überhaupt, was er sagt? Wie bequem er sich mit solchen Worten aus der Affäre zieht?
Ich kann nicht schreien. Könnte nur heulen, wenn ich an Ella und Gery denke.
Warum? Warum nur? Bist du das, Mark? Hast du sie gerufen?
Besuchsverbot. Auch so ein Wort! Ich werde sie trotzdem besuchen. Muss es tun. Alle erwarten es von mir. Sie sind anscheinend überzeugt, dass ich jetzt Spezialist für solche Fälle bin.

Benno, Benno, du tust mir weh! Ich habe nicht gerufen! Niemanden habe ich gerufen! Damals nicht und jetzt schon gar nicht.
Nein! Wenn ich es nur deutlicher sagen könnte, wenn du mich nur besser verstehen könntest!
Was ich getan habe, war falsch. Eine Dummheit. Nicht, dass ich jetzt dafür büßen müsste. Aber ich weiß, dass ich mein Leben nicht zu Ende gelebt habe. Ich habe es weggegeben, wie man eine Münze aus der Tasche zieht und sie gegen irgendetwas eintauscht. Ich bin jetzt zu Erkenntnissen gekommen, die wehtun. Ich schaue mit Sehnsucht zurück auf die Chance, die ich verspielt habe. Doch es ist nicht mehr zu ändern. Ich weiß nicht, was sein wird. Ich weiß nur: Hätte ich noch einmal die Möglichkeit zu leben, würde ich nicht mehr so gedankenlos, so verantwortungslos sein.
Nie mehr würde ich mein Leben wegwerfen!
Und – weißt du, Benno – das ist die Strafe für meine Dummheit: dass ich mit jedem von ihnen leide, dass es mich verrückt macht, wenn ich an Ella, Gery und die vielen anderen denke, denen ich helfen könnte – und doch nicht helfen kann.

Mehr tot als lebendig

Das ist ein Leben!

Ella hängt an der Flasche, Tropfen für Tropfen fällt herab, rinnt im durchsichtigen Plastikschlauch hinab, verschwindet in ihrer Armbeuge. Sie schämt sich, möchte nicht da sein – sich auflösen, wie sie mir gesagt hat. Dann hat sie geweint. Gott sei Dank! Wenigstens das. Wie leicht man das sagt: Gott sei Dank.

Wo ist denn dieser Gott, der das alles zulässt? Dieses Elend, diese Verzweiflung? Ist das die Liebe, die er uns schenkt? Wer kann da noch an Gott glauben?

Ella wirkt durchsichtig wie Pergament. In ihrem Gesicht, ihren Händen und Armen scheint kein Blut zu zirkulieren. Als ich sie gesehen habe, von der Türe aus, bin ich erschrocken – und wie! Mensch, war das ein Schock! Eine Leiche!, echt: Eine Leiche, habe ich gedacht. Sie hat's geschafft! Jetzt ist sie endgültig drüben.

Doch dann hab ich den Schlauch gesehen, das Gestell, an dem die Infusion hängt, und sie hat sich langsam bewegt, wie in Zeitlupe ihr Gesicht zur Türe gedreht. Dieses Gesicht! Das war der zweite Schlag, vielleicht noch ärger als der erste.

So was – wie aus dem Jenseits: riesige Augen, die aus dem Weiß hervorleuchten, ein Blick, der nicht bei dir bleibt, der durch dich hindurchgeht, durch die Mauern, durch alles … der zur anderen Seite hinüberreicht.

Mark, glaub mir, dein Gesicht – du weißt schon, nachher –, das wirkte beruhigend gegen das von Ella. Deins war nicht so leer, so ausdruckslos! Obwohl du keinen Mucks mehr

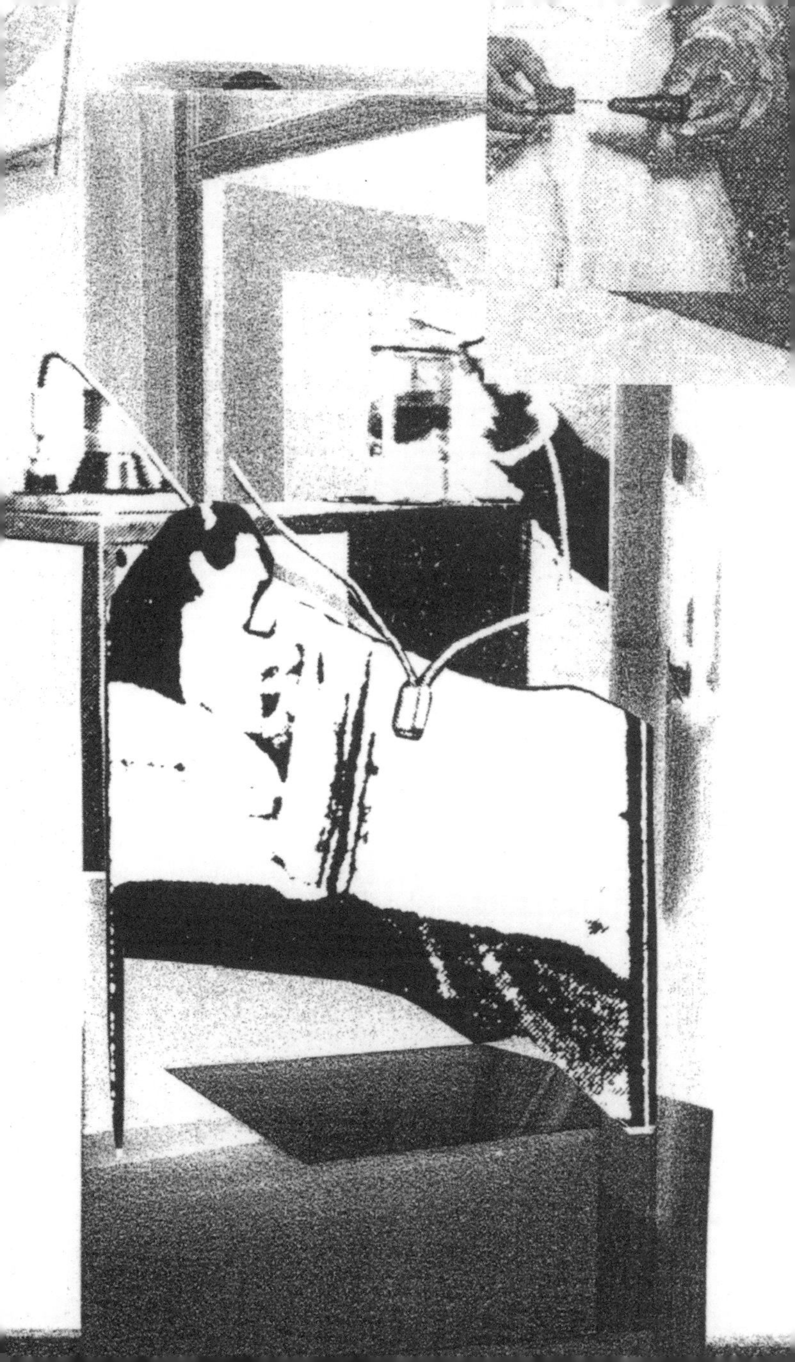

gemacht hast und überall Blut war – in deinen Haaren, auf deiner Stirn, aus der Nase, den Ohren – trotzdem hast du im Vergleich zu ihr gelebt.

Sie ist tot, obwohl sie sich bewegt, obwohl sie spricht, ein paar Sätze wenigstens. Alles geschieht bei ihr langsam, total wie in Trance.

„Danke", hat sie gesagt, als ich aufstand.

Und ich alter Esel – ich, Mark, stell dir vor! – ich habe ihre Hand genommen, sie gedrückt und geweint.

Wie ein Kind hab ich geweint. Eine Träne ist auf ihre Hand hinabgetropft. Da hat sie die Augenlider gehoben und es bemerkt. Und – weißt du, was sie getan hat? Weißt du das, Mark?

Klar, weiß ich es, Benno. Ich war ja bei euch.

Hast du mich nicht gespürt? Ella schon.

Doch, sie ist schon mit einem Fuß bei uns drüben gestanden, du hast es erkannt.

Also: Sie hat gelächelt. Ein kleines, mutloses Lächeln, aber doch ein Zeichen, dass sie für euch noch nicht verloren ist. Hilf ihr, Benno! Sie braucht Zeit, so wie ich sie auch gebraucht hätte.

Tatsächlich! Sie hat gelächelt. Kaum zu glauben, dass ein totes Gesicht eine Regung zeigt! Dann aber war das Lächeln weg, sie hat wieder durch mich hindurchgesehen.

„Ciao", habe ich geflüstert.

Sie hat es nicht mehr gehört.

Ob sie Ella unter Drogen gesetzt haben?

Klar, das muss es sein. Psychopharmaka!

„Ruhigstellen" nennen es die Ärzte. Ruhig - ja.

Zu ruhig. Sie haben ihr alles Leben aus den Adern gepumpt. Wenn sie da nicht bald rauskommt, wird sie zu einem Zombie!

Das ist ein Leben!

Ist das ein Leben?

„Sie denken, sie hätten mich eingesperrt."

Kann sich irgendjemand vorstellen, wie ich mich gefühlt habe, als ich zu Gery ging? Kaum!
Ich wollte nicht. Nicht nach dem Besuch bei Ella. Ich hatte genug. Wollte nichts mehr sehen, nichts mehr hören, nichts mehr zu tun haben mit der ganzen verdammten … Ach! Schließlich habe ich es doch getan.
Klar, niemand hat etwas gesagt, doch alle haben es erwartet.
„Tu was, Benno", haben mir ihre Blicke gesagt, und: „Los, Mann, du machst das schon! Du beschäftigst dich ja schließlich seit Wochen mit Mark. Da spielt es doch keine Rolle, ob du auch Gery …!"
Ich weiß, sie nehmen mich nicht mehr für voll, seit ich mit einem Toten umgehe.
„Jagd auf Gespenster", nennen sie das. Aber Bea, selbst sie!
Wie sie mich angeschaut hat – da wusste ich: Ich muss gehen.
Und ich hab's getan. Seine Alten hätten mich um ein Haar nicht zu ihm gelassen. „Was willst du von ihm?" und: „Wozu denn? Du regst ihn nur auf!"
Lauter so dummes Zeug. Aber ich hab mich nicht fortschicken lassen. Schließlich war ich jetzt da. Ein zweites Mal würde ich es nicht schaffen!
Sein Zimmer war verdunkelt. Rollläden herabgelassen, Vorhänge zu. Zum Fürchten! Ein Grab!
Doch Gery ist o.k. Wenigstens das!
Nur einen kurzen Moment war er überrascht, als ich so

plötzlich in der Türe stand. Dann zischte er: „He, du! Mach die Tür zu!"
Ich war so erstaunt, dass ich ohne Widerspruch folgte. Nun stand ich ganz im Dunkeln.
„Gibt's bei dir kein Licht?", fragte ich schließlich. Es macht mir keinen Spaß, in der Dunkelheit Verstecken zu spielen.
„Das schadet meiner Psyche", antwortete er. Aber er kicherte. Leise, doch deutlich kam es aus der dunkelsten Ecke des Zimmers, ein fast unhörbares und trotzdem deutliches Lachen.
Dann flammte Licht auf.
„Hast du zugesperrt?", fragte er und deutete mit dem Kopf zur Türe.
Ich verneinte.
„Los, mach zu! Riegel vor! Dreh den Schlüssel zweimal um!"
Als ich alles getan hatte, schien er zufrieden.
„Sie denken, sie hätten mich eingesperrt", sagte er. „Von wegen! Nicht ich bin im Gefängnis. Sie sind es!"
Ich schaute ihn nicht besonders intelligent an, denn er fuhr fort: „So hab ich endlich Ruhe vor ihnen! Glaubst du, ich hab den ganzen Scheiß inszeniert, um mich von oben herabzustürzen? Ich bin doch kein Vogel!
Und verrückt bin ich noch lange nicht. Nein, nein!
Ich hab das erreicht, was ich wollte: Frieden!
Früher hieß es immer: ‚Hast du dies schon gemacht? Hast du das schon erledigt? Vergiss nicht deine Hausaufgaben! Denk daran, bald hast du Schularbeit. Was ist mit dem Lernen?'
Das hält doch kein Schwein aus! Jetzt schleichen sie herum, als würde ich auf dem Totenbett liegen. Keine Rede mehr von Lernen, Hausaufgaben und so weiter. Genau das, was ich wollte."
Wieder kicherte er in sich hinein.
Menschenskind, wie viel Hass muss er in sich haben, dass

er zu solchen Mitteln greift. Seinen Eltern den Selbstmörder vorspielen, das ist stark!
Aber was sollte es ihm bringen?
„Was bringt dir das?“, fragte ich.
Er zuckte mit den Schultern. „Erst einmal Ruhe, und dann, wenn sie aufhören sich aufzuregen, mehr Freiheit, mehr Rücksicht. Wehe, wenn sie mir nachher wieder alles verbieten – im Nu bin ich wieder oben auf dem Stadtberg!“
Wieder ließ er sein leises, stoßweises Lachen hören.
„Gery!“, zischte ich. „Damit spielt man nicht! Denk an Mark!“

Ja, denk an Mark!
Eigentlich müsste ich böse auf dich sein, Benno. Aber ich bin's nicht. Du hast ja so Recht. Wenn ich schon kein positives Beispiel für euch war, dann wenigstens ein abschreckendes: „Denk an Mark – was aus ihm geworden ist! Wie weit er es gebracht hat!“
Ja, weit hab ich es gebracht. Bis auf den Friedhof und ins Grab.

Ich weiß nicht, ob er den Hinweis auf Mark verstanden hat.
Jedenfalls hörte Gery zu kichern auf, war wieder ernst.
Ich glaube, er ist ganz o.k. Ich kann nur hoffen, dass er weiß, was er tut.
Wünschen würd' ich es ihm jedenfalls.
Ella geht es besser. Bin ich froh!
Heute, schon vor der Schule, war ich bei ihr. Wollte nur nachsehen, wie's steht. Dann bin ich über eine Stunde geblieben. Na ja, die Religionsstunde war vorbei, als ich in die Schule kam. Aber der Lehrer hat's nicht bemerkt.
Die Infusion ist weg. Ella liegt nicht mehr reglos da wie eine Leiche. Sie ist auch nicht mehr so blass. Als ich zu ihr ins Zimmer ging, saß sie aufrecht im Bett und kämmte

sich. Sie hat schönes, langes Haar. Wie schön, das hab ich erst jetzt bemerkt. Sonst versteckt sie ihre blonden Haare meist in einem Knoten oder einem Zopf – offen hab ich ihr Haar zum ersten Mal gesehen. Echt toll, bis zu den Hüften. Und ihr Nachthemd! Hätte ich ihr nicht zugetraut. Etwas mit Spitzen und ziemlich ausgeschnitten. Ich musste mich sehr bemühen, dass meine Augen nicht sahen, was man an Kranken nicht sehen sollte.
Dass ich wieder gekommen bin, hat sie gefreut. Ich wäre der Einzige, hat sie gemeint.
Kein Wunder! Alle haben Angst vor dieser Sache, besonders seit Mark: Keiner traut sich hin zu ihr.
Wir haben uns super unterhalten.
Tabletten muss sie, vermute ich, fast keine mehr nehmen.
Die Schwester hat – mit einem Lächeln – bemerkt: „Aha, der Herr Freund …“ Und wir haben nichts darauf geantwortet.
So komisch ist der Gedanke gar nicht. Wenn Bea nicht wäre …
Früher hätte ich mir nie vorstellen können, dass es ganz schön ist, Besuche im Krankenhaus zu machen oder auf dem Friedhof, wie bei Mark.
Aber irgendwie gibt das ein gutes Gefühl.
Man ist plötzlich wichtig für irgendjemand.
Der freut sich, wenn man da ist. Wartet vielleicht darauf, dass man wieder kommt.
Und dann ist man da – und die Sonne geht auf.
Klingt banal, aber es ist so. Es wird hell und warm – und den anderen geht es genauso.
Ich hab's gespürt, heute bei Ella.
Echt, ein Supergefühl!

Was der Lateinlehrer zu Mark sagt

Warum schreibe ich nichts mehr von Mark, seit Tagen nicht mehr?
Wird er unwichtig?
Gehe ich ihm aus dem Weg?
O ja, Ella und Gery sind wichtig. Aber sie sind nicht mein Thema. Und wie gerne habe ich mich auf sie eingelassen! Als hätte ich ihr Schicksal bestellt, damit ich mich mit gutem Gewissen von etwas Unangenehmem ab- und anderem zuwenden kann.
Nein. Ich bin nicht ehrlich. Unangenehm ist auch das.
Ella ist mir nicht – nicht mehr – gleichgültig.
Und Gery habe ich immer für einen netten Kameraden gehalten.
Zwar – er gehört nicht zu uns, ist anders, aber er ist o.k.
Wie ist es mit mir?
Gehöre ich überhaupt noch „zu uns"? Wie lange eigentlich habe ich die anderen nicht gesehen?
Und Bea – ist sie wirklich dabei? Hat sie je dazugehört? Seit wir zusammen sind, spielt die Gruppe keine Rolle mehr. Wir haben Spaß miteinander, wenn wir uns treffen, spielen noch die alten Spiele, tun noch, als wären wir die Alten – aber es ist nur mehr ein Spiel. Ich bin jetzt ein anderer. Ich weiß das, und sie wissen es auch.
Also: Zurück zu Mark! Wie habe ich ihn bisher geschildert? Ich werde meine Aufzeichnungen lesen müssen. Und Bea! Sie soll es zusammen mit mir tun.

Ich habe aus Mark einen Helden gemacht. Blödsinn! Nie

und nimmer war er das! In diesen Zeilen, die mir so fremd vorkommen, als hätte ich sie gar nicht selbst geschrieben, habe ich ihn kaum gefunden.
Ein melancholischer Held, der dem Leben ziemlich passiv gegenübersteht. So wie ein neuer Hamlet, der sich treiben lässt, der niemandem etwas tut, der nicht fähig ist zu handeln.
Aber – wer beantwortet mir die Frage, wie er wirklich war? Habe ich ihn anders gesehen? Wollte ich ihn anders sehen?
Also: Wer war Mark?
Manche von uns sagen: langweilig. Nichts los mit ihm. Einer, der sich immer versteckt hat.
Falsch! War er nicht. Hat er das nicht bewiesen?
Die anderen: ein bisschen verrückt. Ein Tagträumer.
Oder: schlicht und einfach schwach. Einer, der nicht handeln konnte, weil ihm die Energie dazu fehlte.
Ja, ja, ja!
Und ebenso: nein, nein, nein!
Wenn ich nur irgendeine der Fragen mit ja oder nein beantworten könnte. War er denn nichts? Oder alles zugleich?
So komme ich nicht weiter. Und Opper, bemerke ich, wird ungeduldig. Ich werde weiter fragen: Mitschüler, Lehrer, den Vater.
Ja, auch ihn.
Was? Ihn in Ruhe lassen?
Und wer lässt mich in Ruhe?

„De mortuis nil nisi bene“: „Über die Toten soll man nur Gutes sagen.“
Hat nicht Rindberger gesagt, unser Lateinlehrer, sondern ich. Ja, wirklich: Ich! Ihm mitten ins Gesicht, ganz cool, ganz lässig, so nebenbei. Mensch, hat der Augen gemacht, wahre Fensterscheiben, die mich da angeleuchtet haben!
Ich, der seit Jahren in Latein ums Überleben kämpfe, und

ein lateinisches Zitat! Noch dazu an der Stelle! Wow! Das war ein Genuss!
Rindberger war der Erste, der mir über den Weg lief. Und da ich entschlossen war, diese Befragung durchzuführen, konnte ich ja auch mit ihm beginnen. „Herr Rindberger", begann ich also – er legt keinen Wert auf Titel, eigentlich ein guter Zug an ihm –, „was sagen Sie zu Mark?"
Er bleibt stehen, wie vom Blitz getroffen. Nervös greift er an seine Brille. „Mark", antwortet er dann. „Wie meinst du das?"
„Nun, was sagen Sie zu ihm?"
„Zu ... seinem ...", stottert er.
Ich habe kein Mitleid. „Zu ihm", fahre ich fort, „zu ihm selbst. Zu seiner Person."
Rindberger blinzelt noch immer, als wären seine Brillengläser beschlagen. Bei dieser Taktik muss ich bleiben. Toll, einen Lehrer einmal so unsicher zu erleben!
„Nun, er ist ... das heißt natürlich, *war* ein ganz brauchbarer Schüler. Meinst du das?"
Keine Antwort. Gib dir nur Mühe, mein Lieber! Kleine Perlen auf seiner Stirn. Ist das Schweiß? Kann eine einfache Frage so unangenehm sein?
„Na ja, kein glänzender Schüler, nicht hervorragend, aber ... brauchbar. Hat zwar nie viel gesagt, aber interessiert ..."
Schweigen. Ich lasse ihn nicht aus den Augen. Er windet sich: ein Regenwurm am Angelhaken.
„Und als Mensch?", schieße ich eine neue Frage ab.
Rindberger wird immer kleiner. Dabei ist er sowieso nicht groß.
„Also ... was soll ich sagen, ich war ja nur sein Lehrer ... verträglich. Er ist doch mit allen gut ausgekommen?
Und ... ja, ein bisschen wenig neugierig, nicht besonders engagiert, findest du nicht?"
Nein, finde ich nicht!
„Aber eigentlich ein recht netter Junge. Konnte ihn ganz

gut leiden, ... freundlich ... ähm ..."
Lange Pause. Dann sieht er mich fast flehend an. Und da, in diesem Augenblick, zuckt etwas durch mein Hirn, eine Phrase, die ich irgendwann einmal von ihm gehört habe. Und ebenso rasch spreche ich sie aus: „De mortuis nil nisi bene."
Das ist ein Hammer! Sitzt wie eine Faust auf der Kinnspitze. Rindberger ist stehend k.o.
Beinahe tut er mir Leid. Ich lasse ihn gehen.
Doch wenn ich seine Bemerkungen übersetze, was kommt heraus?
„Faul, an wenigem interessiert, schwach in der Schule, abwesend im Unterricht. Ging allem aus dem Weg, egoistisch; gleichgültig gegenüber den anderen."
Das ist die Interpretation. Rindberger hat von Mark nicht viel gehalten. Zu Recht?
Was mich ein bisschen überrascht, sind seine Urteile über ihn als Mensch: „verträglich" – das müsste eigentlich heißen: „gleichgültig, ging allem aus dem Weg", „nicht besonders engagiert" – was soll das anderes bedeuten als „selbstbezogen, egoistisch"?
Hat Rindberger damit Recht?
Nein!, müsste ich als Marks Freund empört aufschreien.
Warum kann ich es nicht?
Ist etwas wahr an seinen Worten?
War Mark gleichgültig, ein Egoist?

Und unser „Erzbischof“, der Religionslehrer …

„Ja, das mit Mark tut mir Leid … So ein dummer, ein überflüssiger Unfall …“
Unfall? Meint er das ernst? Er meint es ernst. Klar! Sonst wäre seine Seelenruhe in Gefahr. Er muss glauben, was wir alle nicht glauben können. In seiner Haut möchte ich nicht stecken.
„Er war ein netter Junge … unauffällig … hilfsbereit, nicht?“
„Hilfsbereit?“, staune ich. „Finden Sie?“
Unser Religionslehrer, den alle nur „Erzbischof“ nennen, lässt sich nicht aus der Ruhe bringen. Er reagiert auf meine Bemerkung nicht.
Zu wie vielen hat er schon solche oder ähnliche Worte gesagt? Und schon kommen stereotype, eingelernte Worte hervor, theologisches Geschwätz. Dabei hat er Mark seit seinem zehnten Lebensjahr gekannt. Oder hätte ihn kennen können.
Statt dessen: „Er war nicht anders als ihr alle … manchmal Streiche, kleinere Probleme … und Religion, nun, davon wollte er nicht viel wissen. War er jemals in der Kirche?“
In Kirchen schon, ja. Mark mochte die Stimmung: Kerzen, Dämmerschein, Stille. Aber in einer Messe nicht, bestimmt nicht. Hätte ihm das geholfen? Hätte ihn das von dieser Verrücktheit abgehalten?
„Wenn Mark religiös gewesen wäre – glauben Sie, wäre es dann auch zu diesem … Unfall gekommen?“

„Ein gläubiger Mensch vertraut auf Gott“, antwortete der Erzbischof, „er weiß, dass alles, was auf ihn zukommt, gut und richtig ist.“
„Auch ein Unfall?“
„Auch das.“
„Sie meinen: Dann wäre es nicht passiert?“
„Hätte Mark geglaubt, hätte er mit mir gesprochen oder mit einem anderen Priester oder mit Gott in einer ruhigen, einsamen Minute: Er hätte nicht zu toter Materie, zu Maschinen, Motorrädern fliehen müssen …“
„Mist!“, durchzuckt es mich. „So eine Dummheit!“ Gleichzeitig aber spüre ich etwas in mir, etwas wie – Mark! War das Mark? Hab ich eben seine Stimme gehört? Das ist doch nicht möglich … und doch!
Ja, hat es in mir geredet, irgendwo in mir, ich kann nicht einmal sagen, wo: im Kopf oder im Bauch oder sonstwo.
Ja, wieder ist es da, mit Marks Stimme: *Er hat Recht!*
Ich habe unseren Religionslehrer nie leiden können. Stammt sein Spitzname „Erzbischof“ nicht von mir? Aber jetzt bin ich so überrascht, dass ich ihn am liebsten um Hilfe bitten würde. Was soll diese Stimme in mir? Und meint sie wirklich, dass er Recht hat? Wenn er an Gott geglaubt hätte, dann wäre es nicht geschehen?
„Mensch“, widerspreche ich der Stimme, auch ich innerlich, „du hast doch an etwas geglaubt! War die Harley für dich nicht Religion?“
Ja, höre, nein, spüre ich wieder, *war es.*
Religion. Ein Fetisch! Ein Ersatz …
Dann ist die Stimme weg. Nichts ist mehr in mir. Und der Erzbischof sieht mich ganz komisch an.
„Ist etwas?“, fragt er, dann fährt er fort:
„Ich kann mir vorstellen, dass dir das etwas zu viel wird. Du solltest dich nicht so sehr mit Marks Tod beschäftigen, das verwirrt dich. Du solltest das anderen überlassen.“
Hat er etwas bemerkt? Habe ich laut gesprochen oder habe ich diesen Dialog nur gedacht?

Ich muss das Gespräch beenden.
„Die anderen haben Mark längst vergessen“, antworte ich.
„Du solltest es auch“, sagte er.
„Ihn vergessen?“
„Ja, wenigstens so weit, dass er dich nicht mehr bedroht, dich wie ein Gespenst verfolgt.“
Gespenst?
Der Erzbischof geht.
Mark ein Gespenst? Plötzlich wird mir das Komische an diesem Bild bewusst. Ich beginne zu lachen, lautlos, aber so heftig, dass es mich schüttelt, immer heftiger, Stöße, die im Bauch beginnen, den ganzen Körper ergreifen, auf Beine, Arme, Schultern, den Kopf übergehen.
„Benno!“
Bea steht hinter mir, hat mich an den Schultern gepackt, dreht mich zu sich herum.
„Warum weinst du?“

Eine qualvolle Erinnerung

Wozu noch Lehrer fragen? Nichts kommt dabei raus außer Lügen. Als ob sie sich von irgendeiner Schuld freiwaschen müssten. Oder ist es für Lehrer undenkbar zu versagen, mit schuld zu sein an einer Katastrophe – oder auch nur, nichts getan zu haben, um sie zu vermeiden? Wer soll mir dann Auskunft geben?
Niemand, Benno. Niemand!
Wozu? Du kennst Mark beinahe von Geburt an, hast mit ihm alles durchgemacht.

Komisch: Keine Erinnerungen an die Zeit vor Schuleintritt. Was war vorher? Nichts? Unmöglich! Vergessen … oder verdrängt?
Aber man vergisst doch nur Unwichtiges.
Und man verdrängt … Unangenehmes.
Das begreife ich nicht. Unangenehmes?
Wieso? War mir Marks Freundschaft lästig?
War irgendetwas zwischen uns?
Es muss etwas gewesen sein. Aber die Erinnerung daran lässt sich nicht erzwingen.
Draußen ist es finster, als wäre es Nacht. Es schüttet. Genau das Wetter, das ich brauche, um den Sand aus meinem Unterbewusstsein fortzuschwemmen. Irgendjemand hat einmal gesagt, dass alles, was man im Körper spürt, eine seelische Ursache hat. Mir tun seit Tagen die Schultern weh. Heißt das, dass mir alles zu schwer wird, dass ich diese Last nicht mehr tragen kann? – Nein, nicht tragen will, so müsste es heißen.

Nichts wie hinaus in das Unwetter! Mal sehen, ob das hilft.

Benno, du bist auf dem richtigen Weg.
Natürlich war etwas zwischen uns. Einiges, was dir wehgetan hat.
Darum keine Erinnerung.
Aber du bist auf der richtigen Spur.
Und sprich mit Bea, sie wird dir helfen, weil sie dich versteht.

Ich erinnere mich!
Ich habe Mark geschlagen. Mehr: Ich habe Mark verprügelt. Und danach: ich am Boden, weinend, heulend, voll Rotz und Tränen, während sonst nur noch Marks Rücken zu sehen ist, vor einem Fenster, dem Fenster in seinem Zimmer, durch das er hinausstarrt.
Wie alt waren wir? Sechs, sieben? War es vor Schulbeginn – oder danach?

Noch etwas: Dritte Klasse: Wir mussten ein Gedicht auswendig lernen, zur Strafe, weil wir angeblich nicht aufgepasst hatten. Ich war so empört über diese Ungerechtigkeit, dass ich Mark überredet habe, es nicht zu lernen. Zu Hause packte mich dann das schlechte Gewissen – oder war es Furcht vor weiteren Strafen?
Jedenfalls lernte ich es, hoffte, dass Mark es ebenfalls lernen würde.
(Ihn anzurufen, dazu fehlte mir der Mut.)
Mark lernte es nicht.
Wir wurden hinausgerufen, mussten uns aufstellen, Gesicht zur Klasse – und los ging's. Das heißt: Es sollte losgehen. Mark schwieg. Der Lehrer runzelte die Stirn, sagte ihm ein Wort vor. Dann sah er mich an.
Gleich würde seine Geduld zu Ende sein. Und dann ... Weiter wollte ich nicht denken. Ich starrte auf meine Fuß-

spitzen. Nur nichts sehen, nichts hören … nicht da sein, am besten weit, weit weg.
„Nun?“ Die Stimme des Lehrers, wie aus Stein.
Gleich würde die Lawine zu rollen beginnen, uns mitreißen, unter sich begraben.
Verzweifelt schielte ich zu Mark. Warum sagte er nichts? Es war doch so einfach. „Der Mond …“, sag: „Der Mond … bitte, bitte!“ Ich flüsterte ihm die Worte zu.
Bis dahin hatte ich ihn betrügen können. Jetzt, in diesem Augenblick, erkannte er, dass ich ihn belogen hatte. Seinen Blick – ich fühle ihn wieder, wie er mich durchbohrte, mich vernichtete. Mit einem Ruck wandte er sich von mir ab, dem Lehrer zu. „Ich habe Benno überredet, das Gedicht nicht zu lernen“, hörte ich ihn sagen.
Aber das war doch … nein!
„Und?“, hörte ich nun den Lehrer. „Habt ihr es gelernt oder nicht?“
„Ich nicht.“
„Und Benno?“
„Benno schon.“
„Warum sagt er dann nichts?“
„Weil er sich nicht traut.“
Mark! Du bist wahnsinnig. Das stimmt doch nicht! Genau das Gegenteil! Du hast alles verdreht!
„So?“ Wieder der Lehrer. „So ist das also. Mark, ich will deinen Vater sprechen. Gib mir dein Heft!“
Er ging zu seinem Tisch und schrieb ein paar Zeilen in Marks Heft. Ich flehte Mark mit Blicken an, mir zu verzeihen, doch er wandte sich ab.
„Bis morgen. Dann bekomme ich die Unterschrift und das Gedicht! Klar?“
Mark setzte sich ohne Antwort nieder. Nicht einmal den Kopf hat er bewegt. Und ich blieb draußen stehen, ein armseliger Verräter.
Der Lehrer hatte mich vergessen. Oder hatte er alles durchschaut und strafte mich auf diese Weise?

In der Pause versuchte ich mit Mark zu reden, aber er sah durch mich hindurch. Und wieder – ja, jetzt sehe ich es – wieder das gleiche Bild. Ich schluchzend, heulend, er am Fenster, mit dem Rücken zu mir.
Wie gut kenne ich das Gesicht des kleinen Mark?
Wie gut seinen Rücken?

Die Geschichte der Harley Davidson

Mark war uninteressiert, nicht begeisterungsfähig – das bedeuten die Worte der Lehrer, zumindest die der beiden, die ich gefragt habe. Doch die anderen hätten kaum etwas anderes gesagt. Vielleicht ein paar neue Worte; das Urteil dahinter wäre dasselbe gewesen.

Aber alle übersehen eines: Mark und die Harley Davidson. Seit er ein kleines Spielzeugmotorrad bekommen hatte, sprach er nur noch von der Harley. Nichts anderes interessierte ihn, weder Spiele noch Teddybären, Indianer oder Baukästen, kein Jeep, kein Ferrari, kein Formel 1-Rennauto, auch kein anderes Motorrad: Für alle Suzukis, Yamahas, Hondas, Kawasakis, Laverdas, Moto Guzzis oder BMWs hatte er nur ein Schulterzucken übrig. Ich bin diesem Phänomen nachgegangen. Was ich fand, waren jedoch nur Daten:
Drei Brüder, Arthur, Walter und William Davidson, basteln 1903 zusammen mit William S. Harley so lange herum, bis sie einen drei PS starken Einzylindermotor in einem Fahrradrahmen unterbringen. Dieses erste Exemplar ist zu schwach, um Steigungen zu bewältigen, deshalb folgt bald ein zweites. Der Fahrradrahmen wird verbessert, ein neuer Vergaser wird entwickelt. Das alles geschieht in einer kleinen Holzhütte hinter dem Haus der Davidsons, auf dem aber bald schon ein Schild mit dem Schriftzug „Harley Davidson Motor Co." zu lesen ist. Damit ist ein Mythos geboren. 1903 werden drei weitere Maschinen mit 350 ccm gebaut. Sie sind schon verkauft

und bezahlt, bevor sie fertig gestellt sind. 1904 wird die Hütte vergrößert, 1905 werden bereits 8 Maschinen verkauft, die Hütte wird weiter vergrößert, der erste Mitarbeiter eingestellt.
1906 entsteht das erste offizielle Milwaukee-Hauptgebäude, die Produktion – jetzt schon mit sechs Mitarbeitern – steigt auf fünfzig Maschinen an. 1907 lassen die Produzenten ihre Firma ins Handelsregister eintragen. Die Motorräder werden nun laufend verbessert, die Leistung wird gesteigert, vor allem durch den Einbau eines zweiten Zylinders in V-Form.
Das Unternehmen übersteht selbst die Wirtschaftskrise der dreißiger Jahre relativ gut. 1930 werden zwei neue Typen vorgestellt, von denen vor allem die 1200 ccm Seitenventil-VL so etwas wie eine Legende wird.
Von der 1939 gebauten „750 ccm WLA" werden 90 000 Stück produziert. In Europa wird sie als „Liberator" bekannt. 1937 stirbt William Davidson, zwei weitere Firmengründer sterben in den vierziger Jahren, der letzte, Arthur Davidson, kommt 1950 bei einem Verkehrsunfall ums Leben. Eine neue Generation übernimmt die Firma.
1954 spielt Marlon Brando die Hauptrolle in dem Film „The Wild One" – auf einer Harley Davidson.
Durch den Film „Easy Rider" (1969) werden diese Maschinen endgültig zum Mythos.
Im gleichen Jahr geht die Firma Harley Davidson eine Fusion mit der American Machine and Foundry Company (AMF) ein. Damit expandiert der Betrieb weiter.

Zahlen, Daten, mehr nicht. Wenigstens für mich.

Mir sagt es kaum etwas, wenn ein Motor 1200 ccm Inhalt hat, V-Zylinder und eine Leistung von 100 PS. Am meisten beeindruckt mich noch der Spruch: „Live to ride – ride to live" auf dem Motor vieler Harleys. Diese Philosophie verstehe ich, auch wenn es nicht meine ist.

Wie anders Mark! Stunden-, tage-, wochen-, nein jahrelang stellte er sich vor, wie seine Harley Davidson aussehen würde, was er verändern, weg- oder dazugeben würde, alles, bis ins kleinste Detail.
Und er träumte! Dass er flog, freier als ein Vogel, über Straßen, Strände, Wege, durch Städte, Steppen und Wüsten, allein mit Sonne, Regen, Schnee und Wind: er und seine Harley Davidson.
Was soll's? Ich verstehe es doch nie! Mark hat seinen Traum gelebt!

Mark und sein Vater

Marks Eltern? Er hatte nur den Vater. Seine Mutter starb bei einem Verkehrsunfall, als er zwei Jahre alt war.
Ich glaube, sein Vater hat sehr viel für ihn getan. Aber ich war nie gerne bei ihnen. Ich hab mich dort nie wohl gefühlt. Die Wohnung – heute weiß ich es – hatte immer etwas Trauriges für mich. An den Wänden hingen überall Portraits seiner Mutter. In allen Zimmern waren Kerzen und – ja, jetzt fällt es mir wieder ein – eine Menge Grünpflanzen. Überall, in weißen Übertöpfen, grüne Blätter und Stängel, aber nirgendwo eine Blüte. Kein Rot, Blau, Gelb oder Weiß, nur Grün.
Und der Vater! Wie streng er war! Deshalb habe ich mich nie wohl gefühlt bei ihm, obwohl wir tagelang Zeit zum Spielen gehabt hätten, ohne Störung durch einen Erwachsenen. Lieber war es mir, wenn Mark zu uns kam.
Mark schien das alles nicht zu stören. Oder bemerkte er es nicht? War er es schon gewöhnt? Und was ist mit dem Zorn seines Vaters?
Einmal, wir waren – glaube ich – fünf Jahre alt: Sein Vater stellte ihm Grießbrei zum Abendessen hin, den Mark sonst gerne hatte. Mark rührte keinen Löffel an.
„Was ist?“, fragte sein Vater.
Mark senkte den Kopf.
„Was ist?“ Dieselbe Frage noch einmal. Ich steckte meinen Kopf nun auch zwischen die Schultern.
Mark hob langsam seinen Kopf. „Nichts“, sagte er.
„Warum isst du dann nicht? Benno!“
Ich fuhr erschrocken in die Höhe.

„Ist er nicht gut?"
Gehorsam schluckte ich den Brei hinunter. Ich fand Grießbrei fürchterlich. Aber um nichts in der Welt hätte ich gesagt: „Scheußlich!"
„Gut", murmelte ich.
Der Vater nickte schwer mit dem Kopf.
„Also, los! Iss!"
Mark nahm den Löffel und senkte ihn zögernd in den Brei. Aber er ließ ihn stecken. Keiner machte eine Bewegung: Mark am Tisch, die Augen auf den Teller gerichtet, sein Vater daneben, weiß im Gesicht, den Blick ebenfalls auf dem Teller oder eher auf dem Löffel.
„Iss!", kam es noch einmal, nicht mehr gesprochen, sondern gezischt. Und dann, da sich Mark nicht bewegte, langsam, wie in Zeitlupe, hob sich die Erwachsenenhand, näherte sich Marks Kopf, langsam, langsam, immer näher, schoss dann plötzlich vor und stieß Marks Gesicht in den Teller.
Als es wieder erschien, sah Mark aus wie Stan Laurel oder Oliver Hardy, wenn ihnen jemand eine Torte ins Gesicht geworfen hatte, so komisch. Aber ich war weit davon entfernt zu lachen. Ich saß da, als hätte mich ein böser Zauberer zu Stein gemacht.
Der Zauberer nahm den Löffel, fuhr damit über Marks Gesicht und kratzte den Brei ab. Dann schob er den Löffel zwischen Marks Lippen.
Das Metall zwängte sie auseinander, fuhr weiter vor, gegen die Zähne. Ein Geräusch, als würde etwas brechen, dann hatte er das Hindernis überwunden.
Mark schluckte.
Der zweite Löffel folgte, Mark schluckte wieder, darauf der dritte, vierte und so weiter, bis der Teller leer war.
Marks Augen schwammen in Tränen, aber er weinte nicht.
„Geh ins Badezimmer!", befahl sein Vater. „Wasch dir das Gesicht und die Tränen ab. Ein Bub weint nicht!"
Vor allem dies: „Ein Bub weint nicht!", fuhr mir durch die

Knochen wie ein Schlag.
Nach wie vor konnte ich mich nicht rühren.
Mark ging und kam gewaschen zurück.
„Und jetzt stellst du dich hier in die Ecke, bis ich dir sage, dass du ins Bett gehst!"
Mark tat auch das, wort- und widerspruchslos. Aber er drehte sich nicht zur Wand, sondern wandte sich dem Fenster zu. Ja, auch damals schon: Er starrte aus dem Fenster. Um ihn herum war nichts mehr da. Sein Geist war durch die Scheiben hinausgeflogen. Wohin?
Auf Zehenspitzen schlich ich aus dem Haus.

Auf den Spuren unserer Freundschaft

Plötzlich fallen mir Situationen ein, die Mark und mich in einem neuen Licht zeigen.
Unsere Freundschaft war nicht so, wie ich sie in Erinnerung hatte.
Wenn ich die Augen schließe, kann ich sehen:
Ausschnitte tun sich auf, trüb, kaum erkennbar, doch klarer, immer klarer, je tiefer ich eintauche in eine vergangene Zeit.
Das Erkennen tut weh. Der Schmerz wächst, als ich mich selbst erkenne: über Mark gebeugt, zwei Fäuste, kleine, winzige Hände, aber zu Fäusten geballt, ein wütendes Trommeln hinab auf den Untenliegenden, der sich nicht wehrt, nur die Hände, die Arme schützend vor das Gesicht hält.
Wieso? Wieso diese blinde Wut eines Kindes?

„Spiel doch!"
So war es, ja. Ein Spiel!
Ein Spiel?
„Spiel mit mir!"
Der andere wendet sich ab.
„Wieso spielst du nicht mit mir?"
„Ich mag nicht."
Schweigen, minutenlang.
Wieder: „Spiel mit mir!"
„Lass mich!"
Quält einer den anderen bewusst? Oder ist es Rache? Was war vorher?

War da nicht ... Streit, ein Streit um Bausteine, Farben, Formen: „Du hast mehr!“ „Nein!“ „Doch!“ „Deine sind größer!“ „Nie!“ „Und ob!“. Blitzschnell, aus diesem Streit heraus, ein Stein, der den anderen trifft. Schon tut es dem Täter Leid, am liebsten hätte er den Wurf zurückgenommen, doch der andere ist getroffen.
Auch was nicht besonders wehtut, schmerzt. Er wendet sich ab von seinem Freund.
Und dieser, mit schlechtem Gewissen, bestürmt ihn, entschuldigt sich, bietet ihm die buntesten Steine an, dann die größten, schließlich alle.
Der andere will nicht.
„Nein!“, schlägt er jedes Angebot zur Versöhnung aus.
Immer mehr bittet der eine.
„Spiel doch! Spiel mit! Spielen wir!“
Doch die Verzweiflung ist noch zu gering, die Buße noch nicht genug – bis es nicht mehr zu ertragen ist.
Daher die Fäuste, das Trommeln gegen einen kleinen, wehrlosen Körper. Und – o verkehrte Welt! – der unten schweigt, der oben schreit.
Schreit sein ganzes Elend, seine Ohnmacht hinaus unter Tränen, bis die Arme herabsinken, das Kinn auf die Brust fällt, die Augen leer werden.
Ich war immer der Zornige, du Mark, der Ruhige. Ich war im Unrecht, weil ich dich geschlagen habe. Aber du, Mark, warst du im Recht?

Du bist auf der Spur, mein Jäger. Du wirst mich nicht fangen, aber du hast die Spur aufgenommen wie ein Wolf. Folge ihr! Sie bringt dich mir näher.
Und du beginnst zu verstehen.
Ich war nie so unschuldig, wie du mich am Anfang gesehen hast. Das war nicht Mark, das war irgendwer, eine erfundene Gestalt, wie du mich gerne gesehen hättest. Nimm mich so an, wie ich war: mit allen Fehlern und Mängeln.

Wir haben uns dann gut miteinander verstanden. Je älter wir wurden, desto besser habe ich dich kennen gelernt, jede Wendung deines Körpers, schon das leiseste Zeichen einer Ab-Wendung.

War es das, was uns Freundschaft ermöglicht hat? Freundschaft?
Eine eigenartige Frage, nach diesen drückenden Szenen aus unserer Kindheit, die wie ein Film vor mir abgelaufen sind ...
Freundschaft? Vielleicht bin ich zu enttäuscht, um gerecht urteilen zu können. Jetzt, da mir dieser andere Mark bewusst geworden ist, fehlt mir die Objektivität. Wir waren viel zusammen, mehr weiß ich momentan nicht.

Aber durch Marks Leben zieht sich ein roter Faden, nein, laufen mehrere Fäden.
Seine Konsequenz: Nie hätte er geweint oder geschrien, wenn ihn sein Vater schlug oder ich ihn verprügelte.
Nie hätte er sich ihm, mir, irgendeinem anderen zugewandt, der ihn beleidigt hatte. Auch bei den schärfsten Drohungen seines Vaters blieben Marks Augen von ihm abgewandt.
Ob die beiden Selbstmordversuche des Vaters so zu verstehen sind? Sie sind jedenfalls nicht geglückt (welch dummes Wort in diesem Zusammenhang!).
Mark hat sie nie erwähnt, nie darüber gesprochen. Ich glaube, er schämte sich. Nicht wegen der Versuche seines Vaters, sich das Leben zu nehmen, sondern weil er inkonsequent, zu feig war.

Ein zweiter Faden: das Lachen. Sein Lachen, das immer weniger wurde, schließlich aus seinem Leben verschwand. Schon als Kind hat er kaum gelacht.
Auf das Lachen anderer reagierte er verständnislos, Kasperl und das Krokodil, Slapstickszenen im Fernsehen,

Witze fand er nicht lustig. Alles, was er zustande brachte, war ein stilles, trauriges Lächeln.
Später wurde es zu seinem Markenzeichen. Er trug es wie einen Schild oder eine Maske, hinter der er sich und seine Gefühle versteckte. Mark hat das Lachen nicht verlernt. Er hat es nie gekonnt.

Ein dritter Faden: seine Angst vor Ansammlungen, Gesellschaften, Gruppen. Drei waren ihm schon zu viel. Das war auch der Grund, dass er als Kind nur mit mir spielte. Später versuchte er es immerhin: in unserer Gruppe. Er machte mit, aber er war nie wirklich dabei. Wenn wir zu siebt waren, waren wir nicht sieben: Wir waren sechs und einer.
Er war nur körperlich anwesend, sonst nicht.
Nur wenn über Motorräder gesprochen wurde, war er plötzlich da, er sprach über die Harley Davidson in einem Ton, der beinahe als religiös zu bezeichnen war. Er liebte diese Maschinen nicht, er betete sie an. So gab es wenigstens einen Punkt, über den man mit ihm reden konnte. Aber nicht lange: Dass er sich nur dafür, für nichts anderes, interessierte, störte alle.
Immer weniger wurde in unserer Gruppe über Motorräder geredet, immer seltener hatte Mark Gelegenheit mitzureden.

Ein vierter Faden: Ich glaube, Mark hat nie wirklich geliebt.
Vielleicht liebte er seine Mutter, ich weiß es nicht. Doch ich weiß, dass er seinen Vater hasste.
Ob er mich liebte? Nein. Zu mir hatte er nur den meisten Kontakt.
Den Lehrer? Auch nicht. Zuerst bewunderte er ihn, weil er so viel wusste, dann, als er erkannte, dass er auch nicht alles wusste, wurde er ihm gleichgültig.
Und Branca? Sie selbst hat die Frage mit nein beantwor-

tet. Ich vermute: Soweit er fähig war zu lieben, hat er sie geliebt. Aber er war dazu nur wenig fähig.

Es gibt noch viele Fäden, rote, kleine, große, kurze und lange, doch auch sie können das Rätsel Mark nicht lösen.

Erst das Leiden macht Glück möglich

Zwei Überraschungen.
Die erste: Ella hat mich besucht.
Die zweite: Opper.
Doch ich muss der Reihe nach erzählen. Gestern kam Ella zu mir.
Man muss sich das vorstellen: Ella! Die zu niemandem geht, die am liebsten allein ist, die noch vor ein paar Tagen beinahe tot gewesen ist.
Und ich – völlig überrascht – hab ihr meine Aufzeichnungen gezeigt. Sie nimmt sie, so selbstverständlich, als hätte sie nichts anderes erwartet, blättert sie durch, legt sich auf mein Bett und liest.
Langsam. Aufmerksam. Konzentriert.
Nach der letzten Seite bleibt sie eine Weile reglos liegen, schaut mich so offen an, als wäre sie irgendjemand, ein Bruder vielleicht, nicht ein Mädchen, ein hübsches noch dazu, das mitten zwischen meinen Polstern und Decken liegt. Und was tut sie? Sie setzt sich auf, winkt mich zu sich, umarmt mich und gibt mir einen Kuss.
Ja. Einen Kuss!
Aber ich spüre sofort: Das hat nichts mit Sex zu tun!
Das ist etwas anderes.
„Benno“, sagt sie dann. „Wie soll ich es dir sagen? Weißt du, ich hab keinen Bruder. Aber wenn ich einen hätte, wünschte ich, du wärest es. Willst du das sein, mein Bruder?“
„Klar.“ Ich nicke. Aber ich bin ziemlich durcheinander.
„Es klingt so … wie in einem alten Film. Aber es stimmt:

Du hast mir das Leben gerettet."
„Wieso?"
„Ach ... Ich war so oft deprimiert. Weißt du, wie es ist, wenn man sich über nichts freuen kann? Wenn man das Gefühl hat, es gibt niemanden, der einen liebt?"
„Aber ..."
Rasch legt sie mir die Hand auf den Arm. Ich bin still.
„Mark ... er hat mich ... hat mich angezogen. Er hat es schön, hab ich mir oft gedacht. Er ist erlöst. Er muss sich nicht mehr mit Problemen herumschlagen. Und er hätte es fast geschafft, dass ich ihm gefolgt wäre!"
„Das stimmt nicht! Er hätte das nie gewollt!"
Sie nickt. „Ja. Jetzt ist es mir klar, nach deinen Aufzeichnungen. Aber vorher war es nicht so. Als du zu mir gekommen bist, hast du mir das Gefühl gegeben, dass du mich magst, dass ich für dich wichtig bin. Seither sehe ich alles wieder anders, ein bisschen anders ..."
„Und du wirst nicht mehr ..."
„Nein", sagt sie ganz ruhig, „nie mehr!"
Plötzlich fühle ich mich frei und leicht, möchte lachen, fliegen, irgendetwas Verrücktes tun.
„Ella!", sage ich.
Sie lächelt. „Vielleicht kann ich dir auch ein wenig helfen?"
„Wie?"
„Mit Mark. Du meinst, er konnte nicht lieben ..."
„Ich kann's mir nicht vorstellen."
„Doch!" Sie schüttelt den Kopf, dass ihre Haare fliegen. „Ich glaube, es gibt niemanden, der nicht liebt. Mark hat es bestimmt auch getan. Nur auf seine Weise. Bestimmt hat er seine Mutter geliebt. Stell dir den Schock vor, als sie starb – und als sein Vater mit der Liebe, die Mark ihm entgegenbrachte, nichts anfangen konnte! Dich, zum Beispiel, hat er bestimmt auch geliebt ..."
„Warum hat er mich dann immer provoziert? So lange, bis ich ihn verprügelt habe? Und warum hat er mich gequält?"
„Weil er nicht anders konnte! Seine Mutter hatte ihn ver-

lassen – so musste er es jedenfalls empfinden – und sein Vater stieß ihn zurück.
So wurde ihm Liebe vorgemacht: als Zurückstoßen und Quälen. Wie viel Not muss in ihm gewesen sein, dass er Zuneigung nur in dieser Form geben konnte!"
„Aber später! Der Lehrer mochte ihn, Opper, die anderen …"
„Sie haben sich um ihn bemüht. Aber haben sie ihn geliebt? Liebe ist mehr als Sympathie, Interesse am anderen oder Mitleid. Findest du nicht?"
„Dann hätte ich ihn lieben sollen?"
„Das hast du getan, Benno. Bestimmt! Soweit er es zugelassen hat!"
Mir ist ganz kalt geworden. „Das klingt fürchterlich", sage ich. „So, als hätte Mark überhaupt keine andere Wahl gehabt."
„Genau so habe ich es mir auch vorgestellt, vor ein paar Tagen noch: Du hast keine andere Wahl! Du bist von Gott oder irgendeinem Schicksal dazu verurteilt! Tu es! So schnell wie möglich! Bring es hinter dich! Aber es war falsch. Durch und durch falsch. Mit dir, deinen Besuchen, hat sich in mir etwas verändert. Eines ist mir plötzlich klar geworden: Niemand hat keine andere Wahl, niemand ist verurteilt! Manche haben es schwerer als andere, aber liegt darin nicht auch eine Chance? Wie soll man denn Freude kennen lernen, wenn man nicht auch das Gegenteil erfahren hat?"
Hat sie Recht? Was sie da sagt, klingt überzeugend: Erst das Leiden macht Glück möglich ….
Ella unterbricht meine Gedanken. „Noch etwas, Benno: Stimmt das … hast du das wirklich so empfunden?"
Sie deutet auf die Blätter, die verstreut auf dem Bett liegen. „Ich meine Marks Antworten."
Auf einmal bin ich unsicher. Ich zucke mit den Schultern. „Am Anfang nicht, wenigstens nicht so stark. Da war's eigentlich mehr ein Spiel. Aber je länger ich schreibe, je

intensiver ich mich mit ihm beschäftige, desto stärker höre ich seine Stimme in mir. Daraus ist so etwas entstanden wie ein Dialog.

„Phantastisch!“, sagt sie. „Das möchte ich auch erleben … Gespräche mit einem Toten! Und macht dir das nicht Angst?“

„Nein.“ Beinahe muss ich lachen. „Kein bisschen! Auf einmal war es da und seither meldet es sich oft.“

„Phantastisch!“, wiederholt sie.

Wenn es einen Gott gibt, dann nur einen, der alles verzeiht, alles …

Mark, wo bist du? Warum schweigst du gerade jetzt? Wir haben von dir gesprochen! … Ist es wahr, was Ella sagt? Du musst dich nicht verstecken, ich weiß, dass es dich gibt, irgendwo da draußen. Ich spüre dich, hier drinnen, in mir. In diesem Augenblick allerdings nicht.
Es war nicht richtig, als du dich auf die Harley Davidson gesetzt, auf den großen Schatten gewartet und Gas gegeben hast. Meint Ella. Und ich glaub es auch!
Was sagst du dazu? Willst du dich nicht verteidigen? Vielleicht kannst du mir klarmachen, dass wir uns irren, dass du nicht anders konntest, dass du …
Nein, warum solltest du mir antworten?
Du hast es schon zugegeben: Es war ein großer Fehler. Ein unglaublicher Fehler, den man nicht verzeihen kann.
Ist doch so, oder?
Nein! An Gott dürfen wir nicht unsere Maßstäbe legen. Wenn es einen Gott gibt, dann nur einen, der alles verzeiht, alles …

Schau an! Benno, der Unbequeme, der Revolutionär! Was ist aus dir geworden?
Wo bleiben deine Hinweise auf unsere frühere Zeit, die Zeit der Proteste, der Suche nach Freiheit, nach irgendwelchen Idealen?
Du bist nachdenklicher geworden, mein Freund, stiller, du hast es gelernt, auch im Lärm etwas zu hören, entdeckst plötzlich die Ruhe in dir – und damit dich.

Ob es meine Stimme ist, was aus deinem Inneren hervorkommt, oder ob du es selbst bist – spielt das eine Rolle? Hauptsache, du hörst sie.
Und je mehr du nach innen hörst, desto stiller werde ich.
Wenn du einmal ganz auf deine Stimme vertraust, brauchst du mich nicht mehr.
Wo du glaubst, mich zu finden, begegnest du dir selbst.

Freude, Jubel, Euphorie …

Nach Ellas Besuch überkommt mich etwas wie Euphorie.
Ihr haben meine Notizen gefallen.
Schön! Doch sie ist nicht der Maßstab, an dem ich mich messen will.
Opper! Opper muss ich sie zeigen.
Erst wenn er o.k. sagt, habe ich die Prüfung bestanden.
Am Ende der nächsten Deutschstunde gebe ich sie ihm.
Der Band ist dicker geworden, seit dem letzten Mal. Das fällt ihm gleich auf.
„Fleißig", brummt er und nimmt ihn.
Dann wirft er einen Blick auf das oberste Blatt.
Zögert.
Schaut mich an. Prüfend. Überrascht. Runzelt die Stirn.
Steckt die Mappe in seine Tasche.

Eine Stunde später: Opper bestellt mich hinauf ins Lehrerzimmer. Er steht auf dem Gang. Wartet. Geht mir entgegen. Schaut mich wieder an. Ganz eigenartig. Nimmt die Brille ab. Räuspert sich. Nickt. Lächelt: erstaunt, zugleich freundlich.
„Interessant", sagt er. „Wirklich interessant!"
Streckt mir die Hand hin. Drückt sie. Lässt los. Drückt noch einmal.
„Weiter so!"
Und geht.
Überrascht sehe ich ihm nach. Doch nur einen Augenblick, dann überkommt mich ein tolles Gefühl: Freude, Jubel, Euphorie. Er findet es gut! Er findet es gut!

Dieses Gefühl überschwemmt mich, trägt mich hoch in einer Welle der Begeisterung: Opper hat meine Aufzeichnungen akzeptiert, hat das, was ich über Mark geschrieben habe, angenommen. Und nicht nur das: Opper hat damit auch über mich ein Urteil gesprochen: Er hat mich anerkannt!

Liebe:
So viel gesprochen, geschrieben von Liebe.
Und meine?
Manchmal, scheint mir, ist die Zeit eine Folge von Tropfen, so langsam, so schnell vergeht sie.
Ich habe so wenig Gelegenheit, mit Bea zusammen zu sein! Schule, Prüfungen, Tests, Schularbeiten, Hausübungen, dazu Ella, Gery, Mark …

Gestern waren wir wenigstens wieder einen Abend zusammen, Bea und ich, nicht in der Disco, wie früher, ich wollte nicht. Wir sind nur spazieren gegangen, zuerst in der Stadt, dann oben auf dem Stadtberg. Eine wunderbare Stimmung: kein Lärm, nur ein Summen wie von einem unsichtbaren Bienenschwarm, aber Lichter, tausend, hunderttausend, weiße, gelbe, rote, ab und zu ein kalter, blauer Schimmer, direkt unter uns Ketten von Lichtern, dahinter Kreise, Ellipsen, Parabeln, Sterne, … man könnte Geometrie studieren in einer solchen Nacht.
Doch wir haben nicht an Geometrie gedacht …
Ich bin doch nicht blöd!
Geschmust? Ja, haben wir auch.
Aber vor allem geredet. Ich hab ihr alles erzählt. Eine Stunde oder länger habe ich gesprochen.
Und dann, als ich alles gesagt hatte, was mir wichtig war, dann haben wir nur noch geschaut, hinunter und hinauf auf die vielen Lichter.
„Ob er jetzt auch ein Licht ist?“, fragte Bea.
„Ein schöner Gedanke“, sagte ich. „Das gefällt mir: Mark

auf seiner Wolken-Harley Davidson, mit aufgeblendetem Scheinwerfer ..."
„Du mit deiner Harley Davidson!"
„War nur ein Scherz ..."
„Aber ich mein es im Ernst. Wär doch möglich, dass er jetzt eines dieser vielen Lichter ist ..."
„Vielleicht." Plötzlich fand ich diesen Gedanken unheimlich gut, so versöhnlich.
„Vielleicht hast du Recht. Wär jedenfalls schön."
Und da war noch ein Gedanke, er kam so schnell wie eine Sternschnuppe.
„Was glaubst du, Bea: Hat sich Mark eigentlich verändert während der ganzen Zeit?"
„Du meinst, während seines Lebens?"
Ich nickte. Sie sah es bestimmt nicht in der Dunkelheit, aber sie spürte es, denn sie sprach weiter:
„Irgendwie verändert sich doch jeder, oder?"
Wieder nickte ich, und wieder sprach sie weiter:
„Ich hab ihn nicht gekannt. Eigentlich müsste also ich dich fragen: Hat er sich verändert?"
Typisch Bea!
„Wenig, kommt mir vor", antwortete ich. „Manchmal scheint es mir, dass er immer starrer geworden ist."
„Hättest du das vor ein paar Monaten auch schon gesagt?
„Klar", wollte ich antworten. Aber ich tat es nicht. Es war nämlich alles andere als klar. Vor einiger Zeit, bevor ich mit diesen Aufzeichnungen begann, hatte ich da nicht ein ganz anderes Bild von Mark?
„Hätte ich nicht", antwortete ich also.
„Siehst du", sagte Bea. „Darauf kommt es an. Ob sich Mark verändert hat oder nicht, ist unwichtig. Wichtig ist: Du hast dich verändert, Benno, du!"
Im ersten Augenblick, als ich das hörte, erschrak ich. Ich wollte niemals ein anderer sein oder werden als der gute, alte Benno!
Nie! – Aber wenn Bea es sagte ...

„Findest du?“, fragte ich unsicher. Und da sie keine Antwort gab: „Ist das gut?“
Statt einer Antwort legte sie mir ihre Arme um den Nacken.
„Bleib dabei“, meinte sie.
Und das, Freunde, das war toll! Am liebsten hätte ich laut geschrien vor Glück! Aber ich blieb schön brav ruhig, wollte ja niemand erschrecken.
Aber dafür – ich sag euch nur: Die folgenden Minuten … unbeschreiblich, einfach … Nein! Nichts davon! Das bleibt ein Geheimnis zwischen Bea und mir.

Marks Suche nach dem Sinn im Leben

Mark, mein Freund, du bist so leise geworden, fast nicht mehr zu hören.
Hab ich dir wehgetan? Fühlst du dich ungerecht behandelt, weil ich dich nicht in den Himmel gehoben habe? Bist du dort nicht sowieso schon?
Als ich nach dem Sinn suchte, der hinter deiner Tat steckte, war ich einfach nicht darauf vorbereitet, mich selbst zu entdecken.
Und dabei glaube ich, bin ich dir auch nahe oder wenigstens näher gekommen. War das zu deinem Vorteil?
Aber der Sinn dieser Sache war es nicht, unangenehmen Dingen aus dem Weg zu gehen. Nein, es ist notwendig, der Wahrheit zu folgen.
Nur so kann ich das, was du getan hast, vielleicht doch noch verstehen.

Möglich, dass mir jetzt klar geworden ist, warum es mit Mark so weit gekommen ist.
Als er mit dem Tod seiner Mutter die Geborgenheit verlor und statt Liebe nur noch Strenge und Härte bekam, flüchtete er zu einem Idol. Dieses war aber etwas Materielles – und, wie alles Materielle – kalt, neutral.
Er machte die Harley Davidson zum Sinn seines Lebens, lebte nur noch für sie. All die Jahre hindurch wartete er auf die eine Begegnung, den einen langen Augenblick, wo sie ihm gehören würde. Dieser Moment wäre ihm genug. Danach?
Eine überflüssige Frage.

Und er hat getan, was er sich vorgenommen hat.
Und doch – etwas bleibt offen …
Warum die Versuche, doch Sinn in die Sinnlosigkeit zu bringen, das Ding durch eine Idee zu ersetzen?
Warum der Wunsch, die Leere auszufüllen?
Pfadfinder (mit acht),
Rote Falken (ebenfalls),
Turnverein (mit zehn),
die Band (mit vierzehn),
und Greenpeace (mit sechzehn).
Schritte hin zu mehr Aktivität, zum Schluss fast verzweifelt. Nach dem letzten Versuch blieb nur noch Resignation. Damals, glaube ich, gab er endgültig auf, schlüpfte hinter seine Maske, wartete nur noch auf den einen Sonnenstrahl, die Harley Davidson, um sein Leben zu vollenden.
Geburt – Leben – Tod: alles, zu Minuten verdichtet.
Man kann nicht für ein Ding leben!

Pfadfinder, Rote Falken, Turnverein, die Band und Greenpeace

Die Pfadfinder:
Keine Ahnung, warum er Mitglied wurde.
Vielleicht, weil es sein Vater wünschte. Er ging einmal in der Woche hin, hörte zu, erzählte mir manchmal davon, machte mit bei den Spielen – aber ohne Freude. Vor allem eines war ihm fremd: ihre Forderung, täglich eine gute Tat zu tun.
Wie hätte er anderen Gutes tun können, da niemand ihm Gutes tat? Noch dazu täglich?
Er hatte nichts gegen sie, aber er distanzierte sich von ihnen.
Während er mit ihnen zusammen war, war er längst weit weg.
Und so fehlte er plötzlich, kam nicht wieder.
Seine Abwesenheit wurde kaum bemerkt – er hinterließ keine Lücke.

Die Roten Falken:
Eine Tat nur aus Trotz? Damals schon wusste er, wie er seinen Vater verletzen konnte: er, der Funktionär der Gegenpartei – und sein Sohn bei den Roten!
Es gab einen bösen Skandal, ich war gerade bei Mark, als es sein Vater erfuhr, telefonisch, von einem Parteifreund, und ich verließ rasch das Haus. An diesem Tag schlug ihn sein Vater zum letzten Mal, in einem wortlosen, heftigen Streit.
An diesem Abend machte der Vater seinen ersten Selbstmordversuch, ein Schrei nach Aufmerksamkeit, Liebe,

Respekt.
Der Vater war verzweifelt über diesen Sohn, über sich selbst, die eigene Schwäche und Unfähigkeit, die Liebe seines Sohnes zu erringen.
Mir hat Mark später gesagt, er hätte nur aus Mitleid den Nachbarn – einen Arzt – gerufen.
Zuerst wollte er den verachteten Vater liegen lassen in seinem Blut. Die Wunde war dabei, sich zu schließen. Auch wenn er nicht reagiert hätte, wäre der Vater nicht verblutet.
Nach außen hin gab Mark nach, ging nicht mehr zu den Treffen, versteckte sein rotes Halstuch im Schrank, traf sich nicht mehr mit ihnen.
Innerlich war er nie Mitglied gewesen. Mit Politik hatte er später nichts im Sinn, damals schon gar nicht – sie war ihm zutiefst fremd, dann verdächtig, schließlich lehnte er sie völlig ab.
Nie hat er mit einem von uns über Politik gesprochen, sich nie an einer unserer aktuellen Diskussionen beteiligt.
Sie existierte, das wusste er, aber nicht für ihn.

Der Turnverein:
Ein einziges Missverständnis. Er wurde angesteckt von der Euphorie des Sportlehrers im Gymnasium, der ihm in nur zwei Stunden schwierige Übungen am Reck beigebracht hatte.
Doch schon nach der ersten Stunde gab er es wieder auf: Die Atmosphäre von Drill, Ordnung nach Reih und Glied, Größe, der Kommandoton befremdete, nein – erschreckte ihn so sehr, dass er wie in Panik die Flucht ergriff. Natürlich verstand er das alles nicht, aber er fühlte es – und verschwand auf Nimmerwiedersehen.

Die Band:
Wenn Mark Musiker gewesen wäre, hätte ich es verstanden.

Oder wenn er nur gerne mit anderen, mit Gleichaltrigen zusammen gewesen wäre – auch das hätte ich begriffen. Aber so – Mark war weder Musiker noch interessierte er sich für andere.
Sicher hatte er sich etwas erwartet, zum Beispiel, dass er so besser integriert wäre, er hatte bestimmt auch Phantasien, berühmt und beliebt zu sein: Aber wie sollte das möglich sein, da er auf der Gitarre nur einige Akkorde schlagen konnte?
Die Versuche, miteinander Musik zu machen, scheiterten. Nach der Euphorie des Anfangs kam die Frustration, und so schnell, wie er sich in dieses Abenteuer gestürzt hatte, gab er es wieder auf.

Greenpeace:
Und dann ein neuer Versuch, der letzte. Alles zwischen sechzehn und siebzehn.
Aus dem Abstand sehe ich es klarer: Je näher sein Tag heranrückte, desto intensiver bemühte er sich, irgendwie in ein normales Leben zu finden. Mehr als Versuche konnten es aber nicht sein. Er selbst hatte sich diese Grenze gesetzt, wahrscheinlich ohne es sich selbst einzugestehen. Aber es war so: Er lebte nur noch auf den einen Moment hin, auf die Begegnung mit der Harley Davidson. Irgendwann würde dieser Moment kommen, das wusste er, irgendwann, früher oder später.

Als Aktivist für Greenpeace Gefahren auf sich zu nehmen, sein Leben einzusetzen, Wale zu schützen oder Atomreaktoren zu besetzen: Das hätte Mark eigentlich gefallen müssen. Möglicherweise wäre das sogar ein Ersatz für den fehlenden Sinn gewesen.
Doch mit sechzehn wird man nicht Aktivist, da wird man eingeteilt zu Aufgaben im Innendienst: Briefe schreiben, Marken kleben, Büroarbeit. Das war nichts für ihn!

Zwischen diesen Versuchen, noch einmal ins Leben, in irgendeine Form des Lebens zu finden, war Mark oft deprimiert. Dass es ihm nicht gelungen ist, war ihm nicht egal. Und der Lebensmut, den er immer wieder aufbrachte, wurde von mal zu mal schwächer. Er kroch immer mehr hinter seine Maske, hinter der ihn nichts mehr hervorlocken konnte.

Alle Versuche sollten wohl nur sein eigenes Gewissen beruhigen.

Aber zu sterben begonnen hatte er bereits als Kind.

Mark, du hast mir das Leben gerettet!

Es wäre Zeit, unter Marks Leben die Summe zu ziehen.
Aber welche?
Es ist kein Resultat von Plus und Minus. Unmöglich zu sagen, was stärker war. Es war Marks Leben: schwer zu durchschauen, noch schwerer zu verstehen, aber unverwechselbar; seine Kindheit, sein Erwachsenwerden, sein Ende. In allem kein Durchschnittsmensch, sondern er. Nicht mehr, nicht weniger.

Mark!
So leise geworden, so unhörbar – und doch habe ich dich gehört: im letzten Augenblick! Ohne dich wäre ich jetzt ...
Ja, wo wäre ich? Bei dir? Oder sind diejenigen, die unfreiwillig weggehen, woanders?
Ach! An das Märchen von Himmel, Fegefeuer und Hölle habe ich nie geglaubt.
Natürlich wäre ich bei dir, irgendwo dort, aber würden wir einander kennen?

Der Bericht:
Gestern fuhr ich in Gedanken, vielleicht, weil der Tag, dein Tag, wieder kam, mit dem Fahrrad am Schloss vorbei den Berg hinab zum Bahnübergang. Ich fuhr schnell, die Schranken waren offen. Ich trat in die Pedale, kam zur letzten, scharfen Kurve, dann wollte ich hinüber und den Bahndamm hinab, wie sonst ...
Im letzten Moment ist etwas in mir: ein schrilles Alarm-

signal, das mich aus den Gedanken reißt. Deine Stimme, Mark: „Benno!" – wie ein Knall! Ein einziges Mal. Aber plötzlich sehe ich, sehe die grellrote Farbe der Lokomotive vor mir, die Räder poltern in meinen Ohren, zum Bremsen ist es zu spät. Ich reiße den Lenker herum, weg von den Gleisen, stürze, rutsche über den Asphalt, überschlage mich, atemlos vor Schreck. Dann liege ich in der Wiese. Über mir, riesengroß, Räder aus Stahl, rasende Schatten, dahinter der Himmel. Und einen Moment du, Mark.
Ja, du! Ich habe dich gesehen, zwischen Maschinenteilen und Licht, das grell auf mich hinabschien.
Warum waren die Schranken nicht geschlossen?
Ich glaube, weil …
Nein, ich will nicht weiter irgendwas glauben. Ich hatte auch geglaubt, du wärest stumm geworden …

Bin ich auch, Benno, bin ich!
Du brauchst mich nicht mehr. Du hast es gelernt, nach innen zu horchen. Was sollte ich dir da noch sagen?
In dir liegt dein Weg, nicht in mir. Ich durfte dich dorthin führen, aber gehen musst du ihn selbst.
Und dein Erlebnis am offenen Bahnübergang? – Ja, denk darüber nach! Du hast ja schon oft von Schutzengeln gehört oder von der inneren Stimme, die vor Gefahren warnt.
War es überhaupt ich? Bist du davon wirklich überzeugt?

Der Tag, an dem Mark begraben wurde

Ich bin froh, dass ich zum Ende komme.
Es löst sich etwas in mir. Ich atme auf, befreie mich langsam von Mark.
Beinahe war er zu einem Gespenst geworden, das durch mein Hirn spukte und mich nicht mehr losließ. Jetzt erst sehe ich wieder alles mit meinen Augen, höre nicht mehr mit Marks Ohren, denke nicht weiter seine Gedanken, lebe nicht mehr in seiner Welt, um zu denken, zu empfinden wie er, um ihn zu verstehen.
Ich kehre in meinen Körper, in meinen Geist und in meine Seele zurück. Und das tut gut!
Es gibt so vieles andere, so viel Wichtigeres! Mich selbst vor allem, mich und Bea!
Wir sind jetzt immer zusammen, verstehen uns so gut wie noch nie.
Das zählt, sonst nichts! (Nicht einmal mehr die Reifeprüfung, die wir – alle – geschafft haben.)
Vorgestern war Marks Tag. Morgen wird es ein Jahr, dass er begraben wurde.
Woran ich mich erinnere?
Es war heiß. Die Sonne stand wie ein glühender Ball über den Gräbern. Mittagszeit. Wir schwitzten tapfer in unseren Anzügen.
Eine endlose Predigt. Abschiedsworte eines Geistlichen, der ihn nicht gekannt hatte.
Das dumpfe Geräusch, als die Erde auf den Sarg fiel. Rosen, Lilien.
Taschentücher, die abwechselnd über Augen und Stirnen

fuhren.
Ein nervöses Summen. Woher? Von wem?
Fast nur Erwachsene, kaum Mitschüler. Es waren Ferien.
Bernd ziemlich blass. Ich überlegte, ob er um seine Harley trauerte oder um Mark.
Branca mit einem schwarzen Schleier vor dem Gesicht, unbeweglich, die ganze Zeit hindurch. Ihr Kranz: Gänseblümchen, wie man ihn Kindern mit ins Grab gibt.
Ella verweint. Ich ziemlich ruhig – äußerlich.
Sein Vater mit rotem Gesicht. Wie viel Alkohol hatte er zu sich genommen, um das alles zu ertragen?
Zwei Lehrer, alle anderen irgendwo: Gebirge, Seen, Meer … oder von diesem Tod nicht berührt. Einer weniger in der Schülerkartei.
Wenigstens keine Musik. Halblaut gesprochene Gebete.
Kein gemeinsames Essen danach.
Was noch, nach diesem qualvollen Abschied von einem qualvollen Leben?
Krähen. Schwarze Totenvögel. Dunkle Schatten oben in den Fichten, die zu weit weg standen, um Schatten zu geben. Ihre Laute, wenn sie aufflogen, sich vom Wind treiben ließen, ihre Kreise über dem Grab drehten, sich wieder niederließen, erneut aufflogen, niederließen: schwarze Vögel, Seelenvögel.
Sie bringen Mark fort, dachte ich plötzlich. Sie tragen ihn hinauf in den Wind, lassen ihn los, fangen ihn wieder, wenn sich seine Seele an die Erde erinnert, lehren sie zu schweben, zu fliegen …
Er ist doch nicht mehr hier, dachte ich, während der Sarg in die Grube gesenkt wurde. Vielleicht sieht er uns von dort oben zu und versteht das alles nicht.
Und instinktiv folgten meine Blicke den Gedanken.
Doch dort oben segelten nur große, schwarze Flügel durch die Luft.

Wen haben wir begraben?

Einen Kameraden?
Wen habe ich verloren?
Einen Freund?
Sei ehrlich, Benno! Wie oft hast du Mark in den Tagen zuvor gesehen, bevor Bernd mit seiner Harley Davidson kam? Kaum!
Es waren Ferien, du hattest etwas anderes zu tun, als dich mit diesem seltsamen Kerl zu beschäftigen, der sich von allen und allem ganz zurückgezogen hatte. Seine Existenz bemerkte man gar nicht mehr.
Dass er dein Freund war, hast du erst wieder durch seinen Tod erfahren.

Ich werde Opper meine Aufzeichnungen nicht mehr zeigen.
Ich schreibe nicht für ihn. Ich schreibe für mich.

Der Bericht von Marks Ende – soweit es sich berichten lässt

Ich bin fertig. Der Kreis ist geschlossen.
Und doch sind diese Blätter nicht vollständig – ohne Schluss.
Es fehlt der Bericht von Marks Ende – soweit es sich berichten lässt.

27. Juli – Vormittag:
Etwas Ungewöhnliches geschieht. Von einer Minute zur anderen ist Mark hellwach. Das, worauf er gewartet hat, trifft ein: Bernd kauft ein Motorrad, eine Harley Davidson! Mark steht vor unserer Wohnungstür, völlig verwandelt.

27. Juli – Nachmittag:
Wir begleiten Bernd zum Händler, unter lautem Lachen und Reden. Nur Mark ist still, doch er glüht innerlich. Auf den ersten Blick sieht es so aus, als wäre er der Glückliche, der das Motorrad bekommt.
Der Händler ist zunächst erstaunt, als er uns sieht – immerhin sind wir sieben -, dann lädt er uns ein zu Würstchen und Cola. Ein Gespräch, natürlich über die Harley Davidson, kommt in Gang, doch Mark, anfangs nur Zuhörer, stoppt es:
Er weiß über alles besser Bescheid: Geschichte, Technik, Ausstattung, Modelle …
Er versteht mehr als der Händler, der nach einer Weile nichts mehr sagt.

Bernd besteigt sein Motorrad zu einer kurzen Probefahrt auf dem Gelände der Werkstatt:
Applaus, als er einige Achter fährt, kurz Gas gibt, das Vorderrad hochreißt und bremst. Einen Meter vor uns bringt er sein Motorrad zum Stehen. Er weiß, wie man so eine Maschine beherrscht.
Alle haben den Wunsch, es auch zu probieren, doch der Händler erlaubt es nicht.
„Zu gefährlich", meint er, „mit einer schweren Maschine spielt man nicht!"
Wir verabschieden uns, ziehen heimwärts: im Triumphzug! Bernd im Schritttempo voran, wir hinter ihm, eine Schar von Fans.
Am nächsten Tag, gleich nach dem Frühstück, wollen wir uns wieder treffen.

27. Juli – Abend:
Ich höre Musik, bin in Gedanken. Da läutet es. Es ist Mark – er hat bei mir Licht gesehen.
Ich frage ihn, ob er um diese Zeit noch spazieren gehe.
Ja, er wolle noch nicht schlafen. Ob er mich störe?
Nein, natürlich nicht.
Erst jetzt merke ich, dass ich mich nicht mit Bernds Harley beschäftigt habe, sondern mit Mark.
Ich habe ihn herbeigedacht.
Schön sei es draußen, meint Mark, sternklar, ein Schimmer wie Milch über der Stadt. So schön …
Er bricht ab.
Was stimmt nicht an ihm?
Richtig! Er hat seine Maske vergessen! Schon am Vormittag! Der jetzt mit mir spricht, ist der echte Mark, keiner, der sich hinter einer Maske versteckt.
Warum?
Was ist passiert?
Er sieht so aus, als hätte er einen Entschluss gefasst.
Aber welchen?

Hat er genug von seinem Leben als Einzelgänger, von seiner Isolation?
Das Gespräch stockt. Etwas Unausgesprochenes bleibt zwischen uns. Traurigkeit? Nein.
Eher etwas wie ein unbedingter Wille. Aber gerade das macht mich nervös.
Es ist so schwer, mit Mark zu reden.
„Freust du dich auf morgen?", frage ich.
Er antwortet nicht.
„Ich meine, auf die Fahrt mit Bernds Harley? Stell dir vor! Die Harley Davidson! Wie lange hast du auf diesen Augenblick gewartet!"
„Lange", antwortete er, fast mechanisch.
„Freust du dich denn nicht?", frage ich noch einmal.
Und er antwortet: „Kann man sich darauf freuen?"

Spätestens hier hätten alle Alarmglocken klingeln müssen!
Aber nein, meine klingelten immer noch nicht.
Wie mit einem Hammer schlug dieser Satz auf dich ein.
Du hättest es spüren müssen!
Doch was warst du? Enttäuscht! Nichts als enttäuscht, über eine Antwort, die du nicht erwartet hattest. Jetzt ist auch das Letzte weg, worauf er sich freut, hast du gedacht.
Nicht: Um Himmels willen! Was ist los mit dir, Mark? Was hast du vor? Da stimmt doch etwas nicht! Was heißt: Etwas? Nichts stimmt da! Nichts!
Statt dessen Kopfschütteln, Unverständnis, Nicht-verstehen-Können oder Nicht-verstehen-Wollen.
Er geht, wie er gekommen ist: still, nachdenklich, aber bestimmt.
Und da, vor der Wohnungstüre, noch etwas, was er nie vorher getan hat: Er bleibt stehen und drückt mir die Hand.

Mach dir keine Vorwürfe, Benno!
Natürlich hatte ich auf ein Wort von dir gewartet. Du

warst der einzige Mensch, mit dem ich noch reden wollte. Von Branca hatte ich mich ja schon getrennt.
Aber glaub mir: Auch wenn du meine Worte verstanden hättest – nichts hätte mich zurückgehalten; Drohungen nicht, Belehrungen nicht, Bitten schon gar nicht.
Mein Entschluss war gefasst.

28. Juli – Vormittag:
Wir treffen uns vor der Stadt, am alten Flugplatz.
Ein idealer Platz zum Üben: große Betonflächen, eine einzige schmale Straße. Seit Jahren hatte ich dort kein Fahrzeug gesehen. Der Reihe nach probieren wir die Harley Davidson. Bernd zuerst, in der Rolle des Fahrlehrers. Er erklärt, zeigt, hilft, belehrt, ganz konzentriert auf seine Aufgabe.
Doch wir hören kaum zu. Für uns zählt nur das Gefühl, das mit dem Vibrieren des Motors im Körper emporsteigt. Ich bin gespannt. Werde ich es schaffen? Was ist, wenn ich hinfalle? Soll ich es riskieren zu schalten?
Zögernd kupple ich, lege den ersten Gang ein.
„Weniger Gas!“, sagt Bernd. „Sie zieht auch im Leerlauf weg.“
Ich befolge, was er sagt, doch der Kupplungshebel rutscht mir aus der Hand.
Abgestorben, verflixt!
Die anderen lachen.
Ich bin der Erste, dem das passiert.
Vier haben es ohne Panne geschafft.
Warum bin ich so aufgeregt? Ist es, weil ich in der letzten Nacht kaum geschlafen – und wenn geschlafen, dann schlecht geträumt habe?
Leerlauf. Noch einmal starten. Der Motor brummt beruhigend. Kupplungshebel langsam loslassen, Gas geben. Langsam! Wieder rutscht mir der Hebel aus den Fingerspitzen. Die Maschine bockt, macht zwei kleine Sprünge, dann fährt sie. Nein, ich fahre! Ich fahre mit einer Harley

Davidson! Ich bewege mich, bewege mich auf das Ende des Platzes zu. Bin ich zu schnell?
Kurve, Benno, jetzt kommt die Kurve! Nur nicht stürzen! So ist es gut! Mit dem Stiefel abstützen! Noch ein Stück! Geschafft! Ein Kilometer gerader Betonbahn liegt vor mir. Schalten! Zweiter, dritter, vierter Gang. Weiter versuche ich es nicht. Die Tachonadel steht auf hundertzwanzig. Die Begrenzung kommt rasend schnell auf mich zu. Stopp! Das sind Bremsen! Mir scheint, als käme ich innerhalb von einem Meter zum Stehen. Gott sei Dank rolle ich noch. Wieder eine Kurve. Aber ich fühle mich jetzt sicher. Gleich mache ich noch eine nach der anderen Seite.
Ein Kinderspiel! Der Radius wird enger, noch enger, ein Kreis nach links, dann nach rechts.
Schließlich fahre ich noch ein paar Achter, für mein Publikum.
Ich bin Herr der Situation! Die Maschine tut, was ich will. Voller Euphorie wende ich und gebe Gas. Erst bei 150 Kilometer pro Stunde nehme ich das Gas zurück. Unter dem Helm ist es schön leise. Nur der Motor brummt. Ein gutes Gefühl. Ich lege den Leerlauf ein und lasse das Motorrad auslaufen. Vor Mark bringe ich es zum Stehen. Pfiffe; alle gratulieren mir. „Toll!“, „Gut gemacht!“. Nur Mark sagt nichts. Doch seine Augen sprechen. Es hat Eindruck auf ihn gemacht, das sehe ich.
Wahrscheinlich hätte er das nicht von mir gedacht.
„Los!“, sagt Bernd zu Mark. „Steig auf!“
Doch der schüttelt den Kopf.
„Noch nicht“, sagt er. „Ich bin Letzter!“
Also fährt Tom, danach Herbert. Doch dem geht es beim Start wie mir. Der Motor stirbt ab. Beim zweiten Versuch wieder, auch beim dritten, als er mehr Gas gibt.
Bernd schüttelt den Kopf. „Lass mich!“
Doch auch Bernd gelingt es nicht, sein Motorrad von der Stelle zu bewegen. Er flucht, springt ab, dann, nach einiger Zeit, schimpft er:

„Verdammter Mist! Die Scheibe klemmt!"
Ohne Werkzeug ist da nichts zu machen.
Bernd bleibt bei seinem Motorrad zurück, wir anderen ziehen los, um den Händler zu holen.
Zu dumm! Die Maschine wird auf einen Anhänger geschoben, dann sind sie weg, Bernd und seine Harley Davidson.
„Morgen um die gleiche Zeit!", ruft er uns noch zu. Also kommen Herbert und Mark doch noch dran.

29. Juli – Vormittag:
Same time – same place. Als könnte es nicht anders sein, sind wir alle wieder da.
Zu Marks erster, zu Marks letzter Fahrt.
Herbert schafft es diesmal sofort.
Als er zurückkommt, zögert Mark eine Weile.
Sein Blick ist weit weg.
„Willst du nicht?", fragt Bernd lächelnd.
„Doch", antwortet Mark, ohne auf das Lächeln einzugehen. Sein Blick sucht noch immer irgendetwas in der Ferne.
Ich folge ihm, entdecke aber nichts Besonderes, nur ein Lastwagen nähert sich langsam auf der Nebenstraße.
Ein Lastwagen?, denke ich im nächsten Moment. Wieso?
Mark setzt sich auf die Maschine, startet.
„Hier! Der Helm!", sagt Bernd.
„Nein!", lehnt Mark ab. „Ich fahre nicht weit."
Er legt den Gang ein. Jetzt scheint er ein Teil der Maschine zu sein. Alle schauen ihn gebannt an, beobachten jede Bewegung.
Bewegung? Sein Gesicht ist völlig unbewegt! Er wartet.
Aber worauf?
Bis hierher hört man den Lastwagen brummen.
Marks Augen sind auf ihn gerichtet.
Auf ihn?
Warum auf ihn?

Er wird doch nicht!
Nein! Mark! Bist du verrückt!
Warum bewege ich mich nicht, springe nicht hin?
Ich sehe nur, wie das Motorrad zu rollen beginnt. Wenige Meter vor uns wendet es, biegt in die Nebenstraße ein.
„He!“, ruft Bernd, doch Mark reagiert nicht.
Statt dessen gibt er plötzlich Gas.
Der Lastwagen nähert sich rasch. Kurz vor ihm zieht Mark die Maschine nach links.
Ich schließe die Augen. Ein grauenhafter Knall reißt sie mir wieder auf: Etwas wirbelt durch die Luft, der Lastwagen bremst mit kreischenden Rädern. Dann ist es still: Wir sind still, der Lastwagenfahrer sitzt still im Führerhaus, und Mark liegt still in der Wiese.

Erst jetzt reagieren wir. Doch niemand kann laufen. Wir sind zu schwer, spüren wie noch nie ein ungeheures Gewicht.
Dann stehen wir vor Mark. Seltsam, wie er daliegt. So liegt keiner, der lebt. Seine Augen sind offen. Überall Blut. Ich kann nicht mehr hinschauen, drehe mich um, gehe hinein in die Wiese, gehe, gehe. Irgendwo setze ich mich nieder.
Die Rettung kommt. Sanitäter steigen aus, gehen zu Mark.
Dann fahren sie wieder, ohne ihn.
Später folgt die Polizei, danach ein grauer Kombi. Mark wird auf eine Bahre gelegt, in den Wagen geschoben. Dann ist er weg.
Ein Polizist holt mich, fragt mich etwas.
Ich kann nicht sprechen. Meine Zunge bewegt sich nicht.
Mein Hirn bewegt sich nicht.
Nichts bewegt sich in mir. Warum bewegen sich die anderen? Es ist doch aus … aus … ist nicht alles aus?
Marks Vater, in Begleitung eines anderen Polizisten.
Sein hilfloser Blick.
Schämt er sich?
Trauert er um seinen Sohn?

Was sucht er?
Mark?
Eine Erklärung?

Tage, Nächte, ohne Erinnerung.
Ich spüre nichts.

Ich atme nicht. Ich lebe nicht mehr. Alles ist leer …
Irgendetwas holt mich zurück, vorsichtig, zögernd.
Und das Begräbnis.
Ich lebe wieder.
Mark ist Geschichte.
Doch welche?

Warum habe ich das geschrieben?
War es notwendig?
Ist dadurch irgendetwas klarer geworden?
Fragen, Fragen. Keine Antworten.
Aber ich habe mich befreit.
Mark gibt es nicht mehr, er ist in diesem Irgend- oder Nirgendwo, und ich lebe wieder mein eigenes Leben.
Ciao, Mark! Adieu, so long!

Mark, alter Freund, hier hast du ein paar Blumen, zum zweiten, vielleicht zum letzten Mal.
Wozu noch hierher kommen? Du bist schon weit weg von diesem Ort.
Das sind meine Aufzeichnungen. Sie sind fertig.
Du weißt das.
Ich hätte sie dir nicht mitbringen müssen. Du hast Zeile für Zeile gelesen, manchmal hatte ich das Gefühl, als hättest du sie mitgeschrieben.
Jetzt, da ich doppelt glücklich bin – glücklich, nein, selig mit Bea und glücklich darüber, dass nach ein paar Zeilen das letzte Wort geschrieben sein wird, jetzt habe ich den Mark gefunden, der dir am ähnlichsten ist.

So vieles war in dir, Gutes und weniger Gutes. Du warst das eine wie das andere, stark und schwach, lebensbejahend und lebensverneinend zugleich.
Aber das ist nicht mehr so wichtig.
Wichtig ist, dass ich lebe und glücklich bin.
Ich will Abschied nehmen, ich will dich hier nicht mehr besuchen. Wozu auch? Ich selbst trage dich, Mark, in mir, einen unglücklichen Menschen, der mein Freund ist.

Post Skriptum

Ein halbes Jahr danach:

Das Thema der letzten Deutschschularbeit vor Marks Tod:

Interpretiere das folgende Gedicht von Reiner Kunze:

SELBSTMORD

Die letzte aller türen

Doch nie hat man
an alle schon geklopft

aus: Rainer Kunze, *Gespräch mit der Amsel*